海上絲綢之路基本文獻叢書

中山傳信録（下）

〔清〕徐葆光 撰

文物出版社

圖書在版編目（CIP）數據

中山傳信録．下 /（清）徐葆光撰．-- 北京 ：文物出版社，2022.7
（海上絲綢之路基本文獻叢書）
ISBN 978-7-5010-7586-7

Ⅰ．①中… Ⅱ．①徐… Ⅲ．①地方史－史料－臺灣－清代②疆界－臺灣－史料 Ⅳ．①K295.8

中國版本圖書館 CIP 數據核字（2022）第 097161 號

海上絲綢之路基本文獻叢書

中山傳信録（下）

撰　　者：〔清〕徐葆光
策　　劃：盛世博閱（北京）文化有限責任公司

封面設計：鞏榮彪
責任編輯：劉永海
責任印製：蘇　林

出版發行：文物出版社
社　　址：北京市東城區東直門内北小街 2 號樓
郵　　編：100007
網　　址：http://www.wenwu.com
經　　銷：新華書店
印　　刷：北京旺都印務有限公司
開　　本：787mm×1092mm　1/16
印　　張：15
版　　次：2022 年 7 月第 1 版
印　　次：2022 年 7 月第 1 次印刷
書　　號：ISBN 978-7-5010-7586-7
定　　價：98.00 圓

總緒

海上絲綢之路，一般意義上是指從秦漢至鴉片戰争前中國與世界進行政治、經濟、文化交流的海上通道，主要分爲經由黄海、東海的海路最終抵達日本列島及朝鮮半島的東海航綫和以徐聞、合浦、廣州、泉州爲起點通往東南亞及印度洋地區的南海航綫。

在中國古代文獻中，最早、最詳細記載『海上絲綢之路』航綫的是東漢班固的《漢書·地理志》，詳細記載了西漢黄門譯長率領應募者入海『齎黄金雜繒而往』之事，書中所出現的地理記載與東南亞地區相關，并與實際的地理狀况基本相符。

東漢後，中國進入魏晉南北朝長達三百多年的分裂割據時期，絲路上的交往也走向低谷。這一時期的絲路交往，以法顯的西行最爲著名。法顯作爲從陸路西行到印度，再由海路回國的第一人，根據親身經歷所寫的《佛國記》（又稱《法顯傳》）一書，詳細介紹了古代中亞和印度、巴基斯坦、斯里蘭卡等地的歷史及風土人情，是瞭解和研究海陸絲綢之路的珍貴歷史資料。

隨着隋唐的統一，中國經濟重心的南移，中國與西方交通以海路爲主，海上絲綢之路進入大發展時期。廣州成爲唐朝最大的海外貿易中心，朝廷設立市舶司，專門管理海外貿易。唐代著名的地理學家賈耽（七三〇～八〇五年）的《皇華四達記》記載了從廣州通往阿拉伯地區的海上交通『廣州通夷道』，詳述了從廣州港出發，經越南、馬來半島、蘇門答臘半島至印度、錫蘭，直至波斯灣沿岸各國的航綫及沿途地區的方位、名稱、島礁、山川、民俗等。譯經大師義净西行求法，將沿途見聞寫成著作《大唐西域求法高僧傳》，詳細記載了海上絲綢之路的發展變化，是我們瞭解絲綢之路不可多得的第一手資料。

宋代的造船技術和航海技術顯著提高，指南針廣泛應用於航海，中國商船的遠航能力大大提升。北宋徐兢的《宣和奉使高麗圖經》詳細記述了船舶製造、海洋地理和往來航綫，是研究宋代海外交通史、中朝友好關係史、中朝經濟文化交流史的重要文獻。南宋趙汝適《諸蕃志》記載，南海有五十三個國家和地區與南宋通商貿易，形成了通往日本、高麗、東南亞、印度、波斯、阿拉伯等地的『海上絲綢之路』。宋代爲了加强商貿往來，於北宋神宗元豐三年（一〇八〇年）頒佈了中國歷史上第一部海洋貿易管理條例《廣州市舶條法》，并稱爲宋代貿易管理的制度範本。

元朝在經濟上採用重商主義政策，鼓勵海外貿易，中國與歐洲的聯繫與交往非常頻繁，其中馬可·波羅、伊本·白圖泰等歐洲旅行家來到中國，留下了大量的旅行記，記録元代海上絲綢之路的盛況。元代的汪大淵兩次出海，撰寫出《島夷志略》一書，記録了二百多個國名和地名，其中不少首次見於中國著録，涉及的地理範圍東至菲律賓群島，西至非洲。這些都反映了元朝時中西經濟文化交流的豐富内容。

明、清政府先後多次實施海禁政策，海上絲綢之路的貿易逐漸衰落。但是從明永樂三年至明宣德八年的二十八年裏，鄭和率船隊七下西洋，先後到達的國家多達三十多個，在進行經貿交流的同時，也極大地促進了中外文化的交流，這些都詳見於《西洋蕃國志》《星槎勝覽》《瀛涯勝覽》等典籍中。

關於海上絲綢之路的文獻記述，除上述官員、學者、求法或傳教高僧以及旅行者的著作外，自《漢書》之後，歷代正史大都列有《地理志》《四夷傳》《西域傳》《外國傳》《蠻夷傳》《屬國傳》等篇章，加上唐宋以來衆多的典制類文獻、地方史志文獻，集中反映了歷代王朝對於周邊部族、政權以及西方世界的認識，都是關於海上絲綢之路的原始史料性文獻。

海上絲綢之路概念的形成，經歷了一個演變的過程。十九世紀七十年代德國地理學家費迪南・馮・李希霍芬（Ferdinad Von Richthofen，一八三三～一九〇五），在其《中國：親身旅行和研究成果》第三卷中首次把輸出中國絲綢的東西陸路稱爲『絲綢之路』。有『歐洲漢學泰斗』之稱的法國漢學家沙畹（Édouard Chavannes，一八六五～一九一八），在其一九〇三年著作的《西突厥史料》中提出『絲路有海陸兩道』，蘊涵了海上絲綢之路最初提法。迄今發現最早正式提出『海上絲綢之路』一詞的是日本考古學家三杉隆敏，他在一九六七年出版《中國瓷器之旅：探索海上的絲綢之路》中首次使用『海上絲綢之路』一詞；一九七九年三杉隆敏又出版了《海上絲綢之路》一書，其立意和出發點局限在東西方之間的陶瓷貿易與交流史。

二十世紀八十年代以來，在海外交通史研究中，『海上絲綢之路』一詞逐漸成爲中外學術界廣泛接受的概念。根據姚楠等人研究，饒宗頤先生是華人中最早提出『海上絲綢之路』的人，他的《海道之絲路與昆侖舶》正式提出『海上絲路』的稱謂。選堂先生評價海上絲綢之路是外交、貿易和文化交流作用的通道。此後，大陸學者馮蔚然在一九七八年編寫的《航運史話》中，使用『海上絲綢之路』一詞，這是迄今學界查到的中國大陸最早使用『海上絲綢之路』的人，更多地限於航海活動領域的考察。一九八〇年北京大學陳炎教授提出『海上絲綢之路』研究，并於一九八一年發表《略論海上絲綢之路》一文。他對海上絲綢之路的理解超越以往，且帶有濃厚的愛國主義思想。陳炎教授之後，從事研究海上絲綢之路的學者越來越多，尤其沿海港口城市向聯合國申請海上絲綢之路非物質文化遺産活動，將海上絲綢之路研究推向新高潮。另外，國家把建設『絲綢之路經濟帶』和『二十一世紀海上絲綢之路』作爲對外發展方針，將這一學術課題提升爲國家願景的高度，使海上絲綢之路形成超越學術進入政經層面的熱潮。

與海上絲綢之路學的萬千氣象相對應，海上絲綢之路文獻的整理工作仍顯滯後，遠遠跟不上突飛猛進的研究進展。二〇一八年厦門大學、中山大學等單位聯合發起『海上絲綢之路文獻集成』專案，尚在醖釀當中。我們不揣淺陋，深入調查，廣泛搜集，將有關海上絲綢之路的原始史料文獻和研究文獻，分爲風俗物産、雜史筆記、海防海事、典章檔案等六個類別，彙編成《海上絲綢之路歷史文化叢書》，於二〇二〇年影印出版。此輯面市以來，深受各大圖書館及相關研究者好評。爲讓更多的讀者親近古籍文獻，我們遴選出前編中的菁華，彙編成《海上絲綢之路基本文獻叢書》，以單行本影印出版，以饗讀者，以期爲讀者展現出一幅幅中外經濟文化交流的精美畫卷，爲海上絲綢之路的研究提供歷史借鑒，爲『二十一世紀海上絲綢之路』倡議構想的實踐做好歷史的詮釋和注脚，從而達到『以史爲鑒』『古爲今用』的目的。

凡例

一、本編注重史料的珍稀性，從《海上絲綢之路歷史文化叢書》中遴選出菁華，擬出版百册單行本。

二、本編所選之文獻，其編纂的年代下限至一九四九年。

三、本編排序無嚴格定式，所選之文獻篇幅以二百餘頁爲宜，以便讀者閱讀使用。

四、本編所選文獻，每種前皆注明版本、著者。

五、本編文獻皆爲影印，原始文本掃描之後經過修復處理，仍存原式，少數文獻由於原始底本欠佳，略有模糊之處，不影響閱讀使用。

六、本編原始底本非一時一地之出版物，原書裝幀、開本多有不同，本書彙編之後，統一爲十六開右翻本。

目録

中山傳信録（下）

中山傳信録（下）

卷五至卷六贈送詩文一卷

〔清〕徐葆光 撰

清康熙六十年刻本

中山傳信錄卷第五

官表

秩　正一品　從一品　正二品　從二品　正三品　從三品　正四品　從四品　正五品　從五品

爵　元侯　郡邑侯　郡邑伯

勳　柱國　正卿　亞卿　總尹　庶尹　協尹

官　特晉封祿大夫　封祿大夫　永綏大夫　永祿大夫　元從隆德大夫　秉憲大夫　隆勳大夫　親奉大夫　宣詢大夫　正議大夫　進顯大夫　精繹大夫　中議大夫　官侯大夫　奉宣大夫　供直大夫

職　王相
總宗正　左宗正　左虞衡
總觀察　天曹法司　人曹法司　地曹法司　大美殿總理　內治宮總理
度支正　右宗正　右虞衡　副觀察　儲傳亞卿　書院供奉　法宮侍直　官殿副理　紫金大夫　三平等右尹
司賓耳目官　典寶耳目官　司刑耳目官　管泊耳目官
加銜謁者
謁者贊議　度支贊議
各司同正　各所督正　監撫使　宮尹　殿尹　端尹　家令
長史司過閱理贊　宮納過閱理
主翰侍史　典耆內史　長醫師　贊善

	秩	官	職
總虞衛	正六品	承直郎	儀衛使 使者 都通事 才府使 審理大使 主事 圍師
三平等奏	從六品	從務郎 敘德郎	主稿外史 黌簿廳黌簿 東苑監 和義令 寅賓館守 軍器監 倉庾使 鷹把式 雜長加銜
儲傳正卿 內懿嘗總理	正七品	承事郎	綜器內司 帖茗內司 掌翰侍史 官舍使 副通事 筆帖式 侯府家贊 司曆通事
理梵正 各司督正 元侯家傳	從七品	從職郎 敘功郎	灑掃內司 掌翰史 貼苑監 貼醫師 涛家贊 承應官 各倉大使 和義美丞 雜長
同知度支正	正八品	內使郎	贊司大使 耆贊度內使 耆綏贊度從 備府贊度內使
	從八品	內使佐郎	貼翰侍史 議政堂筆帖 宗正府筆帖
那罰官左堂	正九品	登仕郎	點班使 大筆帖 通事 使贊
那罰官右堂 三平等少尹	從九品	登仕佐郎	理問 業彎 各筆帖 小筆帖 膳夫 首里大使
供奉過閘理	未入流		司花內使 內使官生 秀才 若秀才 若筆帖 小筆帖
經歷	凡上朝照品立不論職凡在任不論品照職坐不論品凡職官上下兼攝相通不拘品級如有功績者陞授上銜無一定之格		

中山傳信録卷第五

冊封琉球國王副使　賜正一品麟蟒服翰林院編修加二級臣徐葆光纂

官制

官制品級畧彷中國分爲正從九等大僚重職亦有加官協理大小官皆領地方爲釆地王弟王叔國相皆稱某地王子領一府者稱某地按司舊制每府一按司涖治之權重兵爭尚眞王改制令聚居首里遥領其地歲遣察侍紀官一員知其府事歲終上其成於按司王舅法司及紫巾官稱某地親方三品以下黄帽官皆稱某地親雲上未有地方者稱某里之子親雲上或

稱某筑登之親雲上從六品敘德郎從七品敘功郎
皆稱某掟親雲上八品紅帽官稱某里之子領地方
者稱某地里主九品紅帽官稱筑登之未入流稱某
子皆不稱姓名也具列如左

國相一員正一品王叔有才畧者任之

元矦正一品王子弟膺此封

郡矦邑矦從一品元矦子孫膺此封　有功者加晉
爵元矦品同

法司三員正二品王舅勳戚任之天曹司禮地曹司

農人曹司元輪值王宮大事集議上之國相　加
銜法司品同
紫巾官從二品或郡伯或邑伯散秩大臣爲亞卿無
定員亦有加法司銜者
耳目官（土名御鎖側）二員正三品副耳目官二員從三品
一司賔一典寶一司刑一訾泊（泊府事）
謁者（一名申口官）從三品無定員預議事班無定掌　加
銜謁者品同
賛議官正四品佐謁者度支官議諸政事

那霸官二員從四品左堂首里人右堂那霸人爲之

分掌錢穀

察侍紀官國人讀爲座敷讀察侍紀三字音如座敷也下倣此從四品無定員

侍直王宮分理諸職

遏闥理官國人讀爲當座正五品入直王宮者十二員　又

有加銜遏闥理官從五品

承直郎儀衛使土名勢頭九員正六品掌王儀仗及扈從

徒屬　又有叙德郎土名勢頭加從六品吏員授此銜

承務郎從六品　承事郎土名牌金　里之子親雲上正

七品　又有從職郎從七品儒士授此銜

敘功郎土名加牌金　吏員授此銜　筑登之親雲上從七品

內使郎土名察度奴示譯爲里之子　正八品亦稱贊度內使　內使佐郎土名里之子座　從八品輪班供王宮內役

登仕郎土名筑登之　點班使九員掌朝儀行列正九品

登仕佐郎土名筑登之座　從九品

首里泊村那霸三府人出身名筑登之如久米之秀才也其胥錢穀米薪雜職之人皆稱庫官大者

察侍紀官下至筆者若筆者俱爲之
以上皆首里泊那霸本國之人任其職
久米協理府官凡六等
紫金大夫一員從二品加協理法司銜名總理唐榮
司轄久米村事爲最尊主朝貢禮儀各島文移諸
事
正議大夫正三品　加謁者亦名申口官從三品
中議大夫正四品皆無定員
長史二員從四品主久米地方事

都通事從四品　加遏闥理副通事從五品　副通事正七品皆無定員專司朝貢有留福建福州琉球館者名存留通事

以上皆久米府秀才出身者任其職

職官員額

國相府　家傳紫巾亞卿一員以下稱曰攝政下大親官家令察侍紀官三員　家贊三員　掌翰史一員

法司　三司家贊各三員

謁者耳目官　司賔一員屬官贊司大使一員　典

賓一員　司刑一員　晉泊一員　屬晉泊筆帖
一員　賛議官五員　議政堂主稿外史一員
掌筆帖六員　貼筆帖三員
度支官　度支正紫巾亞卿一員　同知度支正二
員　賛議官三員　典簿廳主簿一員　核省廳
核減二員　羨餘所大使二員　掌筆帖十員
王法宫　侍直紫巾亞卿無定員　侍直察侍紀官
無定員　宣納過關理官十二員　賛度内使十
二員　司花内司十二員　内使官生十二員

九引官　奉引儀衛使九員　奉引點班使九員
內宮　總理宮事法司正卿一員　副理宮事紫巾
亞卿三員　宮尹察侍紀三員
近習　中消舍人三員不拘品級
內厨　烹調膳夫一員
國書院　供奉紫巾亞卿三員　過閩理官三員
過閩理賛二員　主翰侍史一員　掌翰侍史三
員　貼翰侍史三員以上三員土稱爲大筆者副筆者若筆者　典茗
內司三員　貼茗內司三員　綜噐內司二員

灑掃内司三員　贊度内使十二員　司花内司
六員　内使官生六員
典膳所　和羹令三員　和羹丞三員　大使二員
大筆帖一員　小筆帖一員
調祿所　大使二員　大筆帖一員　小筆帖一員
烹調膳夫三員
宴器局　大使一員　掌筆帖一員
良醫所　良醫師六員　貼醫師二員
貯藥局　大筆帖二員　小筆帖二員

宗正府　總宗正元矦一員　左宗正郡侯一員
右宗正紫巾亞卿一員　經歴三員　掌筆帖三
員
賦稅司　督正賦稅紫巾亞卿一員　同正賦稅勸
農使三員　大使三員　掌筆帖六員
覈實司　覈實督正紫巾亞卿一員　覈實同正察
侍紀二員　大使六員　掌筆帖九員
典樂所　典樂正察侍紀一員　掌筆帖一員
造金局　督工察侍紀一員　掌筆帖一員

承運左庫　大使二員　掌筆帖二員　驗金法馬

使一員

承運右庫　大使二員　掌筆帖一員

廣豐倉　大使二員　掌筆帖二員

典廐署　圉師一員　掌筆帖一員

大美殿　總理殿事法司正卿一員　副理殿事紫

巾亞卿二員　殿尹察侍紀一員

內懿宮　總理宮事法司正卿一員　副理宮事紫

巾亞卿三員　宮尹察侍紀三員

世子府　儲傳法司正卿一員以下稱爲世子下大親官　儲傳紫
巾亞卿三員　端尹察侍紀四員　贊善六員
掌翰侍史二員　贊度內使三員　內使官生三
員　鷹把式一員
世孫府　儲傳法司正卿一員　儲傳紫巾亞卿三
員　端尹察侍紀四員　贊善六員　掌翰侍史
二員　贊度內使三員　內使官生三員　圉師
一員
元矦府　家傳紫巾亞卿一員　家令察侍紀三員

家贊三員　掌翰史一員
進爵元矦府　家令察侍紀一員　家贊二員
東苑監　監令一員　貼監一員
寅賓館　館守一員
虞衡司　總虞衡元矦一員　左虞衡郡矦一員
右虞衡紫巾亞卿一員　副虞衡察侍紀三員
掌筆帖三員
觀察司　總觀察郡矦一員　副觀察紫巾亞卿一
員　掌筆帖一員

首里三平等各鄉分巡察官　眞平等左大尹郡矦
一員　右大尹紫巾亞卿一員　少尹察侍紀四
員　南平等左大尹郡矦一員　右大尹紫巾亞
卿一員　少尹察侍紀四員　西平等左大尹郡
矦一員　右大尹紫巾亞卿一員　少尹察侍紀
四員
理梵司　理梵司紫巾亞卿一員　理梵副察侍紀
二員　掌筆帖二員
綜石局　督工察侍紀一員　掌筆帖一員

鐵冶局　督工察侍紀一員　掌筆帖一員
司窰局　督工察侍紀一員　掌筆帖三員
嵌螺局　督工察侍紀一員　掌筆帖二員
貯材局　督工察侍紀一員　掌筆帖二員
工正所　督工察侍紀一員　大使一員　掌筆帖
二員
審理所　大使三員　掌筆帖三員
中山徵課使　主事一員　掌筆帖五員　山南山
北古米山徵課使員同

協理府　紫金大夫一員　正議大夫中議大夫皆
無定員　長史二員　屬官大筆帖一員　都通
事副通事皆無定員　司曆通事一員　筆帖式
一員　講解師一員　訓詁師一員皆不拘品級
通事　秀才　若秀才等皆無定員
那霸官　左堂贊議官一員　右堂察侍紀一員
大筆帖一員　小筆帖一員　理問所理問四員
承應所承應一員　業轡所業轡一員
武備司　軍器監一員　掌筆帖一員

彌世公館　大使三員　掌筆帖三員　若筆帖六
員　烹調膳夫一員
董舟所　大使二員　大筆帖一員　小筆帖一員
那霸庫　大使一員　大筆帖一員　小筆帖一員
麻姑倉　大使二員　掌筆帖二員
轉運所　大使二員　掌筆帖三員
糖園　主事一員　大使二員　掌筆帖二員
奉監司　麻姑山監撫使一員　監撫掌筆帖二員
八重山監撫使一員　監撫掌筆帖二員　各府

各島監撫不拘品級

祝長　七社神樂祝七員　神歌長一員　神歌協

長三員　巫覡長二員

各郡土官　協尹治土泰一員　首里大使一員

麻姑山土官　頭目比郎攞一員　芝茂治一員

烏頭嘉一員　首里大使五員

八重山土官　頭目彛師加紀一員　烏巴麻一員

彌椰欏一員　首里大使四員

臣葆光案舊録官制舛畧汪録頗正其訛而未備

今從蔡大夫温得其品秩大槪程大夫順則示以
官制其進啓云中山設官分職已非一日恭逢
聖天子聲教誕敷本國官爵敢不仰遵翻正因照原銜
首定秩勛次列官職大小臣工盡由資格冠簪服
色畫一不刋論名則同而異列品則異而同總以
符舊制諧正音雖班爵實尊王也其書表列條晰
彬彬可觀但立國建官文武並重今按儀衛使武
備司外武職太略軍制兵仗亦未詳載當俟後續
攷備列云

冠服

國王側翅烏紗帽盤金朱纓龍頭金簪蟒袍帶用犀角白玉皆如前明賜衣制王妃鳳頭金簪宮人亦分爲五等約百人命婦頭簪皆視其夫品秩

正一品以下帽八等簪四等帶四等具列如左

正從一品
金簪
彩織緞帽
錦帶
綠色袍

正從二品
正二品金簪 從二品金花銀桂簪
紫綾帽 有功者賜綠織緞帽
龍蟠黃帶 有功者賜錦帶
深青色袍 下至八九品朝服皆同

正從三品
銀簪
黃綾帽
龍蟠黃帶

正從四品
簪帽袍同三品
龍蟠紅帶

正從五品
簪帽袍三品同
雜色花帶

正從六七品
簪袍同三品
黃絹帽
帶同五品

正從八九品
簪袍同三品
大紅縐紗帽
帶同五品

雜職
簪袍同三品
紅絹帽
帶同五品

里保長
銅簪　藍袍
紅布帽或綠布帽
外有青布帽百姓頭目戴之

蔭官生
簪帽服帶俱同八品

凡官員外衣長過身大帶束之腰間提起三四寸令寛博以便懐納諸物紙夾烟袋皆自貯胸次以時取用大僚幼童無不皆爾賤役執事則反結其袖于脊上幼童衣袖脅下令穿露三四寸許年長剃頂中髮卽縫屬之僧衣兩脅下皆穿其他皆連衽無隙漏處首里人衣年小者皆用大紅爲裏外五色紬錦亦反覆兩面着之官員紬緞作衣諸色不禁每製一衣須大緞三丈五六尺其費殆倍于中國云

女人外衣與男無別襟皆無帶名之曰衾披身上左

右手曳襟以行前使錄云男婦皆無裏衣今貴官裏
衣亦有如中國者　女衣貴家衣襟上卽本色紬紗
作鱗比五層狀男衣無是　女比甲背後下垂處或
作燕尾形
寢衣比身加長其半有袖及領厚絮擁之國人呼衣
曰衾此則衾又如衣也
各邑錦帽錦帶本國皆無之閩中店戶另織市與之
本國惟蕉布則家家有機無女不能織者出首里者
文采尤佳自用不以交易也

王帽

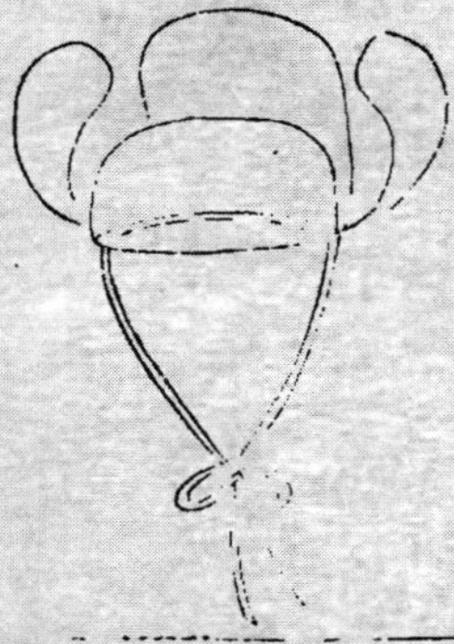

官民帽

後十二層

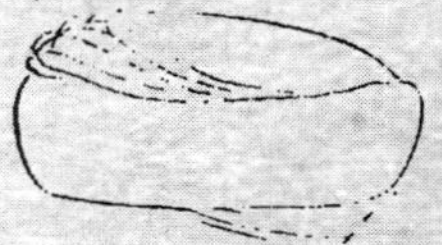

前七層

國王烏紗帽雙翅側衝上向盤金朱纓結垂頷下三四寸許蓋前所賜舊制也云有皮弁為朝祭之服而未之見

帽糊紙為骨帕蒙之式如僧毘盧帽中空無頂絹方幅覆髻之半已互交前簷着額處鱗次七層後簷十二層彩織帽以下紫最貴黃次之紅又次之中又以花素為等別青綠帽為下

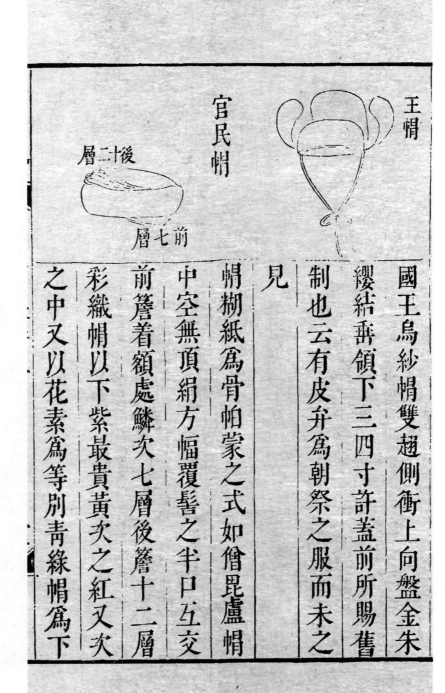

片帽

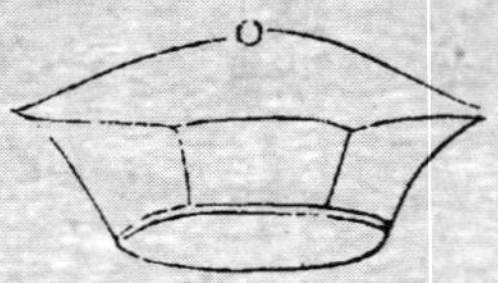

笠

片帽皆以黑皂絹爲之漫頂下簷作
六稜寒時家居帽醫官樂工及執玉
宮茶灌之役剃髮如僧者皆戴之

笠多以麥莖爲之亦有皮笠外加黑
漆而朱其裏

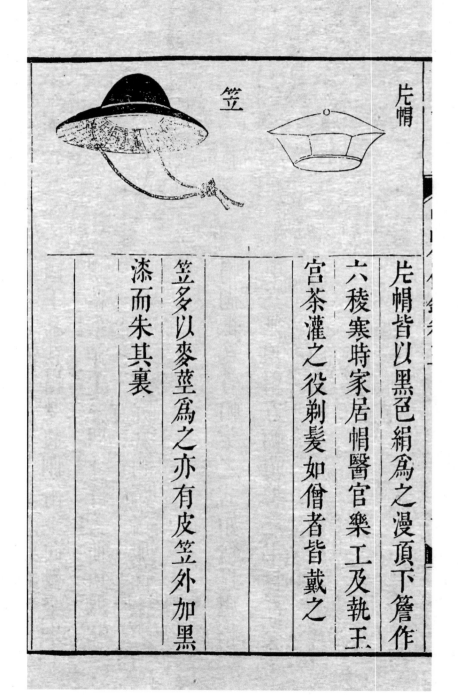

短簪

長簪

短髻簪長三四寸許已冠去頂中髮者簪之花頭圓柱亦有方柱六稜柱金最貴金頭銀柱次之銀又次之銅爲下

長簪長尺餘婦人幼童大髻者簪之亦以金銀三品分貴賤民家女簪皆以玳瑁

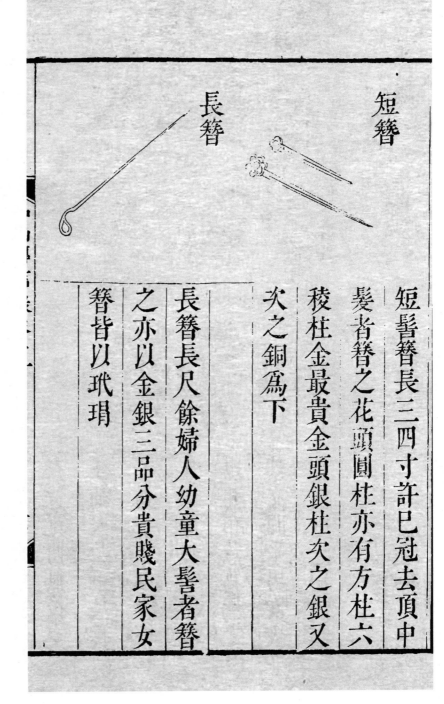

衣

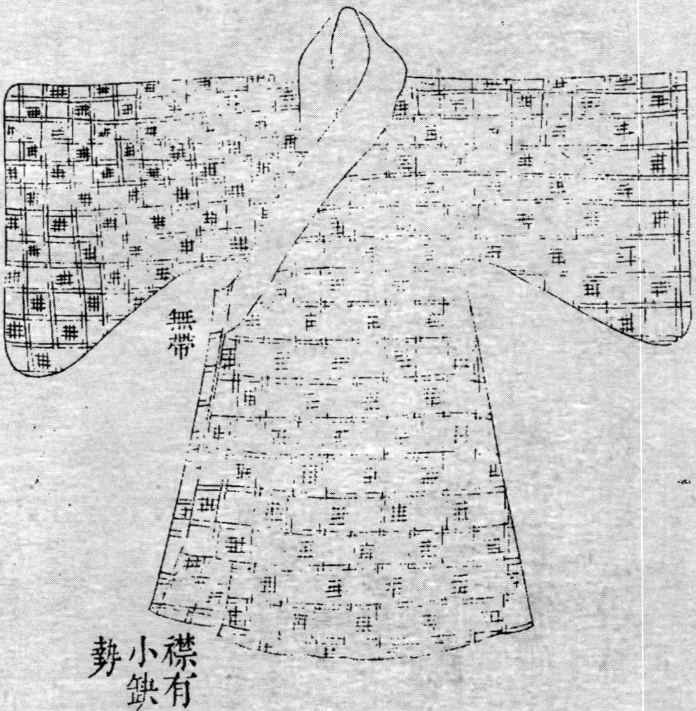

衣皆寬博無後交衽袖大二三尺長不過手指右襟末作缺勢無衣帶多以蕉布蕉葛爲之綦文間采男女衣皆同呼之曰衾

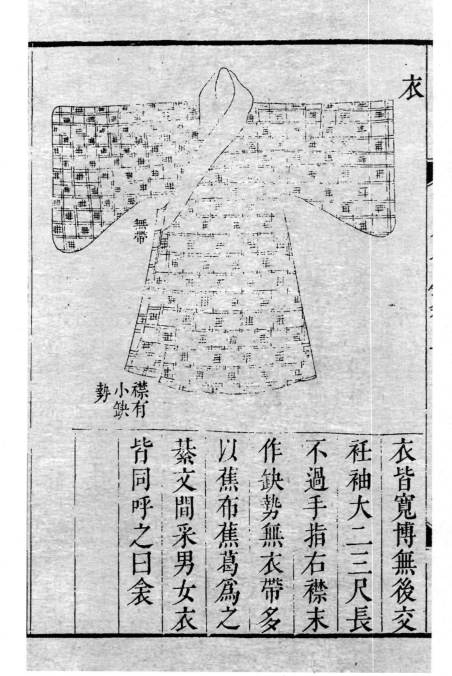

帶

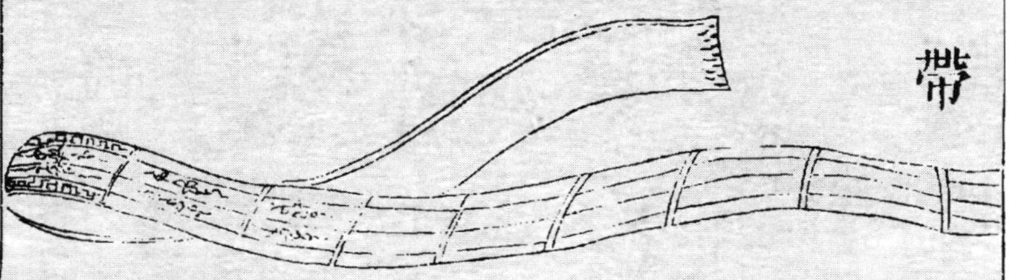

大帶長一丈四五尺寬六七寸蟠腰間三四圍雜花錦地爲貴大花錦帶次之龍蟠黃地紅地者又次之下者皆雜色花帶

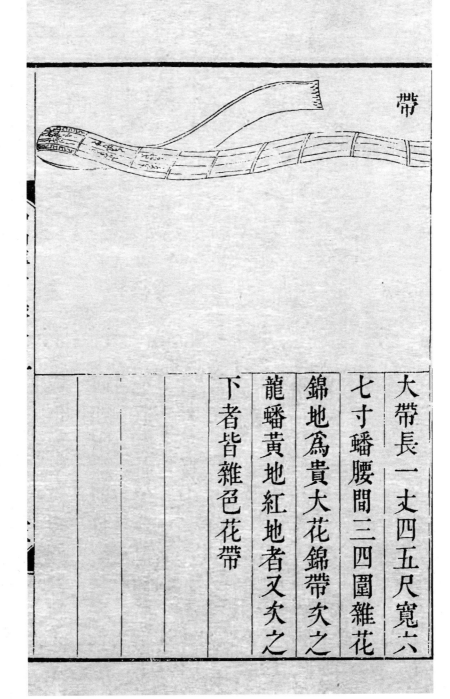

襪

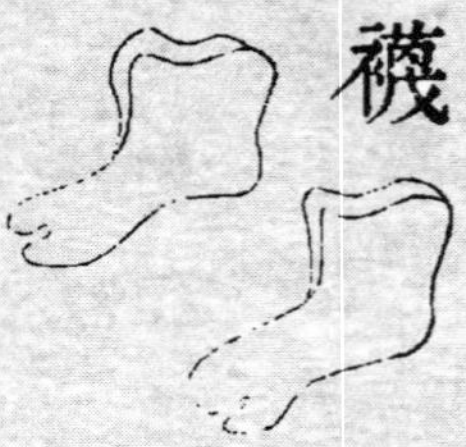

靸

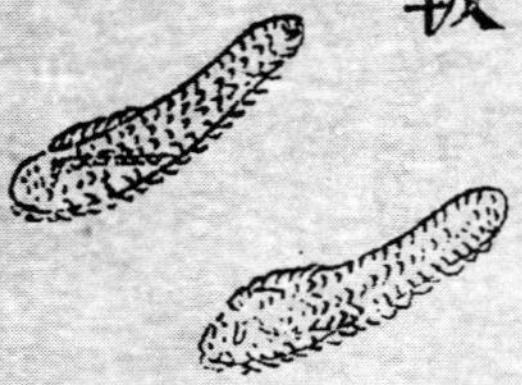

或布或革襪短及踝以上
向外中線開口交繫之近
足指處別作一竇栖將指
以着草靸中

靸以細席草編成前有一
繩界大指之間踵曳以行
男女皆着之

儀從

國相開棍二人刀二人鎗二人旗二人共五十人綵紬傘板輿二人肩外用倭緞銅釘內加彩繪轎式與竹轎皆同

法司王舅紅開棍二人紅板二人眞倭刀二人眞倭鎗二人鎗上有大紅呢旗長一尺寬二寸許竹輿二人肩下同

紫金大夫紅開棍二人紅板二人假長倭鎗二人眞倭刀二人

正議中議大夫紅開棍二人紅板二人假長倭鎗二人以木爲之上方下圓

法司以下平日皆用綠地印花布傘今見每人皆用
有花雨傘各一人前踏鳴金一人

坐褥

一品紅褐心青褐邊襯紅氈
二品青布心紅布邊襯紅氈
三品青布面襯紅氈
四品五品俱藍布面襯白氈
六品以下不用坐褥惟用氈條

氏族

首里四大姓向翁毛馬向氏即國王尚姓之別族少遠則稱向以別之故世世不與王家通婚姻其本國人與王家婚姻者惟翁毛馬三家世爲王舅法司今現爲法司者三人馬獻圖翁自道向聖麐國丈毛邦秀（今王尚敬之外祖王妃則馬氏也）世系俱未詳俟續考列譜

久米三十六姓皆洪永兩朝所賜閩人至萬曆中存者止蔡鄭梁金林五姓萬曆三十五年續賜者阮毛兩姓每姓子孫皆不甚繁衍餘寄籍起家貴顯者多有然非賜姓之舊也今閱九姓世譜中多讀書國學

及充歷年貢使之人故并列其字爵以備考焉

蔡氏原福建泉州府晉江縣人按明史實錄成化五年長史蔡璟入貢自言其祖南安縣人宋端明學士襄之後十二世共八十一人

一世　二世　三世　四世　五世

始祖崇 升亭 端明六世孫

- 譽 馨亭長史
  - 璇 樞亭都通事
    - 賓 玉亭成化十七年入太學長史
      - 進 益亭通事正德五年入太學
- 讓 盛亭通事
  - 璟 輝亭長史成化三年貢使
    - 寶 善亭都通事
      - 遷 喬亭長史正德十三年貢使
- 瀼 考亭通事
  - 璋 望亭長史
    - 實 其亭都通事
      - 遂 淵亭通事
- 清 鏡亭通事

五世 六世 七世 八世 九世

五世

遷　四世寶長子

六世（遷子）

澄　意亭　通事

瀚　文亭　正議大夫　嘉靖九年貢使

浩　乾亭　嘉靖二年入太學

七世（瀚子）

朝俊　彥亭　通事

朝用　擢亭　嘉靖二十九年入太學　長使

朝慶　兆亭　都通事

朝器　熙亭　正議大夫　萬曆四年貢使

朝輔　亮亭　秀才

朝傑　華亭　通事

朝信　任亭　長史

八世（朝器子）

烜　肖亭　都通事

九世（烜子）

堅　念亭　天啓二年貢使　紫金大夫

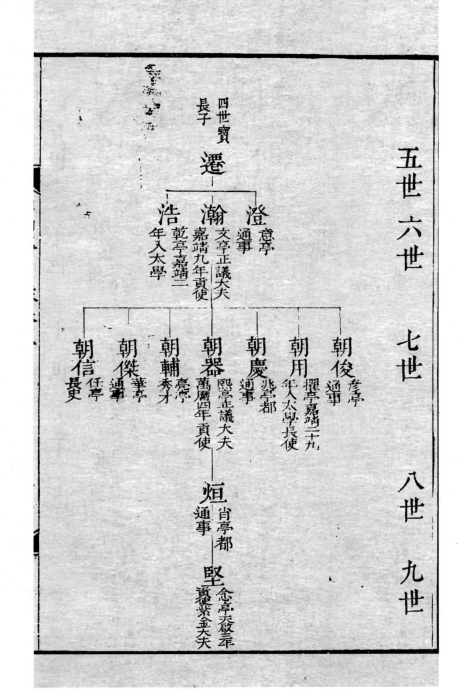

九世　十世　十一世　十二世

- 八世烜長子 堅
  - 邦俊 道亭 通事
  - 彬 適菴 正議大夫
    - 灼 子華 正議大夫 康熙五十二年貢使
    - 炳 子星 通事
      - 壎 都通事
      - 垣 通事
    - 燿 子南 秀才

十一世　十二世

- 十世彬第二子 灼
  - 培 通事
- 十世彬第三子 燿
  - 墉 通事
  - 坦 通事

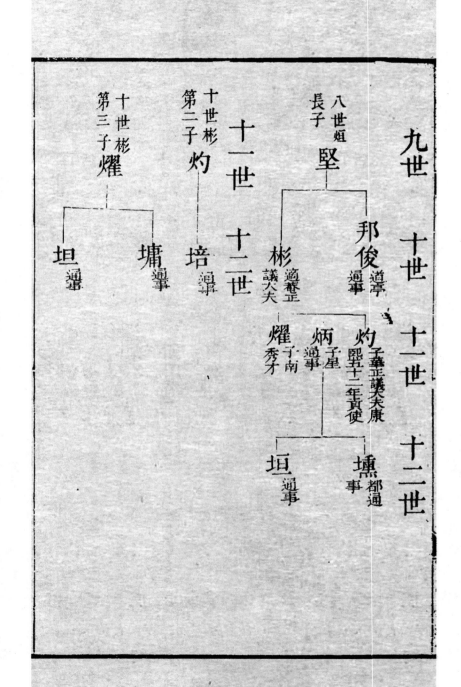

二世	三世	四世	五世	六世
始祖崇第二子 濂	齊 思亭都通事			
崇第三子 譽	曦 曉亭長史嘉靖二十二年貢使			
崇第四子 清	回保 厚亭通事	明 祖亭都通事	模 仰亭通事	
			栢 勁亭長史	廸 吉亭都通事
			權 平亭通事	
			樟 實亭都通事	

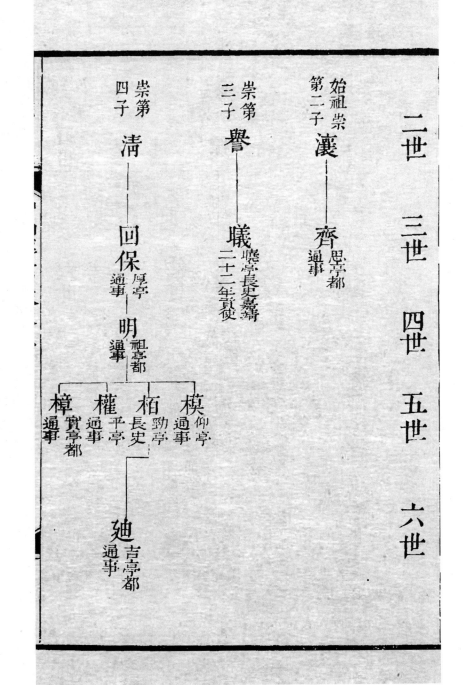

五世 六世 七世

- 邃（四世寶第三子）
  - 廷會 禮亭正議大夫嘉靖三十六年貢使
  - 廷美 璞亭嘉靖二年入太學長使
    - 爌 耀亭嘉靖四十年入太學都通事
    - 煥 堯亭通事
  - 廷貴 親亭通事
    - 常 心亭萬曆七年入太學

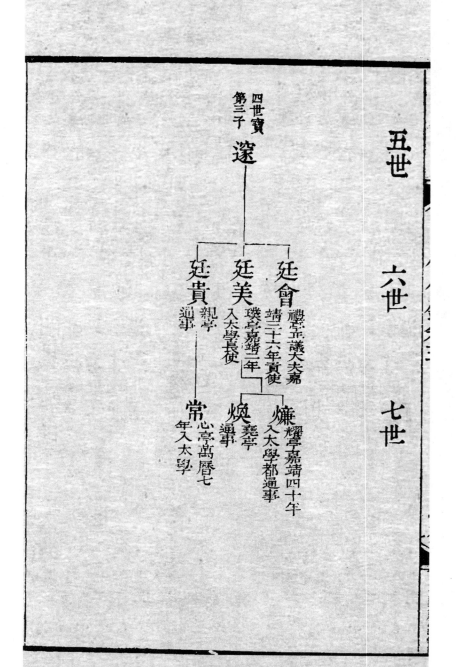

七世　八世　九世　十世　十一世

- 朝用（六世瀚第三子）
  - 延（思江正議大夫天啟七年貢使）
    - 國材（輔廷都通事）
    - 國器（鴻珍紫金大夫）
      - 應瑞（獻臣正議大夫康熙三十四年貢使）
        - 文河（天津都通事）
        - 文漢（天水都通事）
        - 文溥（天章康熙戊辰入大學正議大夫）
        - 文湘（天方秀才）
        - 文海（天振通事）
      - 應祥（雲臣正議大夫康熙四十二年貢使）
        - 泓（有秋秀才）
        - 瀛（有登秀才）
        - 績（咸熙通事）

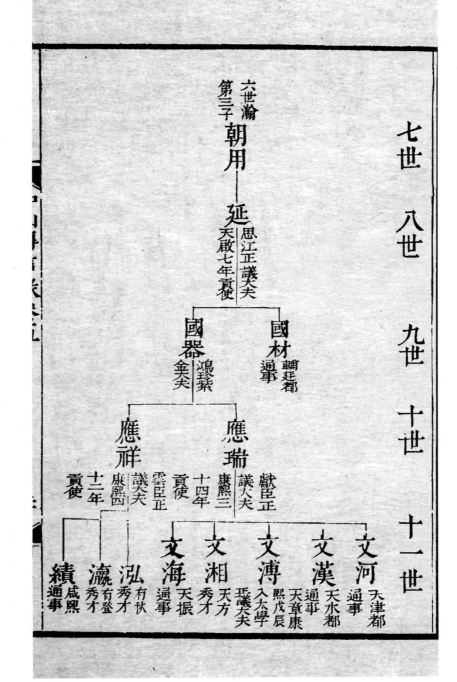

十一世　十二世　十三世

十世應瑞長子 文溥 —— 其棟 邦用 筆峯 —— 功熙 法亮

十世應瑞第二子 文漢 —— 宏模 克定 秀才；宏訓 克祿 秀才

十世應瑞第四子 文河 —— 光祖 惟念；光宗 惟朝；光榮 惟高

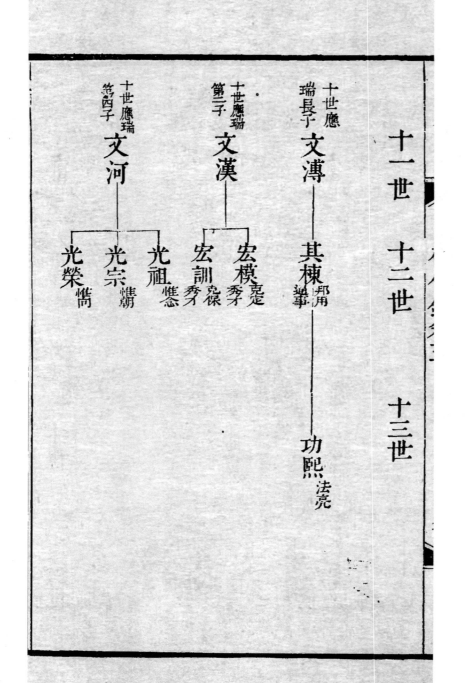

七世　八世　九世　十世　十一世

六世瀚第四子
朝輔 — 奎（耀亭 長史）— 錦（榮亭正議大夫 順治七年貢使）— 鐸（天將紫金大夫）
- 淵（潛菴中議大夫）
- 溫（文若康熙五十六年貢使紫金大夫）

六世瀚第五子
朝俊 — 善

十一世　　十二世

淵　十世鐸長子

- 桐　子鳳　秀才
- 桯　濟川　秀才

十一世　　十二世

績　十世應祥第三子

- 元鳳　君儀　秀才
- 元龍　君雲　秀才
- 元麟　君瑞　秀才

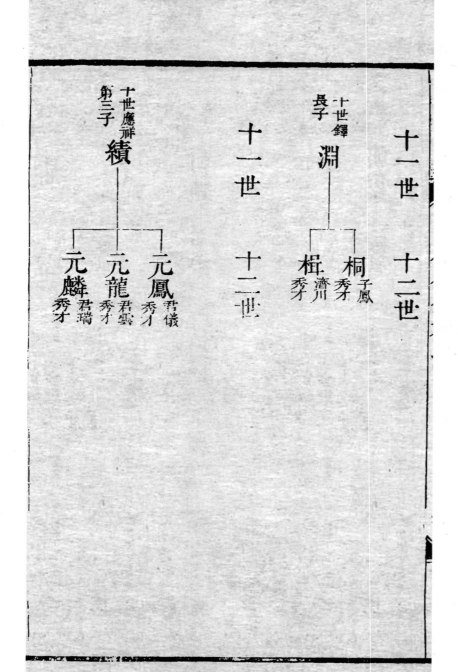

鄭氏原福建福州府長樂縣人十三世共五十七人

一世　二世　三世　四世　五世

- 始祖義才 元橋 長史
  - 長 升橋 通事
    - 傑 峻橋 通事
      - 玖 光橋 正議大夫 弘治九年十三年貢使
        - 準 光橋 秀才
        - 規 圓橋 秀才
        - 矩 方橋 通事
        - 繩 直橋 正議大夫 嘉靖四年七年貢使
  - 智 明橋 通事
    - 彬 適橋 通事
      - 文生 約橋 通事
      - 文質 均橋 通事

五世　六世　七世　八世　九世

四世玖長子 規

昊 興橋都通事

榮 光橋通事

禮 東橋正議大夫萬曆十九年貢使

祐 次橋長史萬曆二年貢使

祿 武橋都通事

禧 傳橋都通事

逵 景橋那覇官

迴 利山嘉靖四十四年入太學久米人爲法司者惟迴

週 格橋萬曆七年入太學長史

玖第三子 準

富 貴橋嘉靖二年入太學

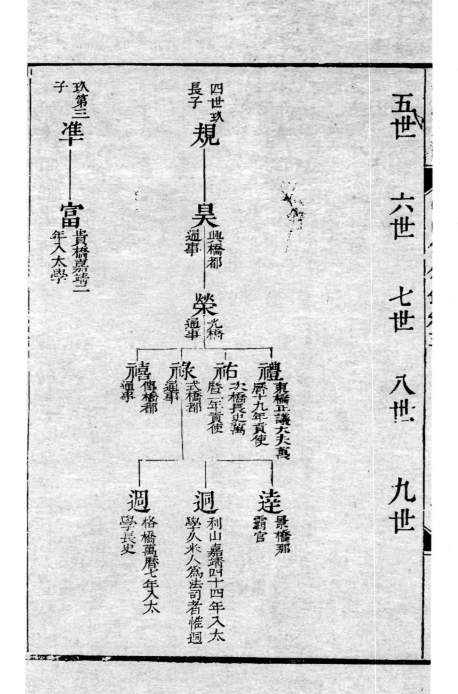

九世	十世	十一世	十二世	十三世
達（八世祿第二子）	子孝（聲橋正議大夫萬曆三十六年貢使）	宗善（及橋正議大夫）	明良（賡橋正議大夫康熙四十年貢使）	
			弘良（基橋康熙三十六年貢使紫金大夫）	秉哲（秀才）
				秉德（秀才）
				秉均（師橋康熙戊辰入太學折桅死）
				秉彝（都通事）
				秉鐸（秀才）
			世良（恭橋秀才）	
		繼善（述橋都通事）		

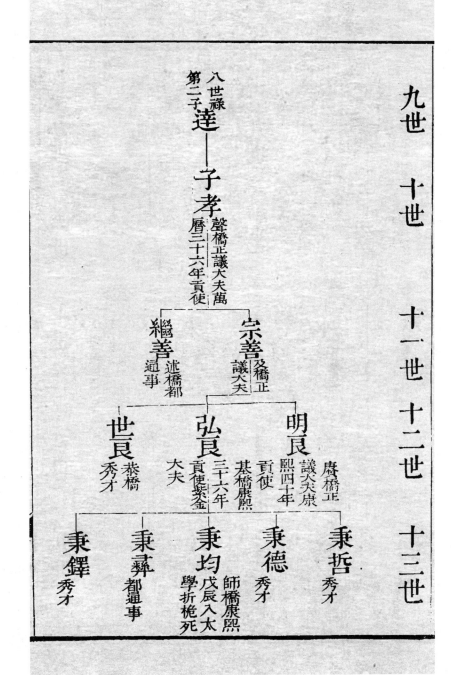

五世　六世　七世　八世　九世

玖第四子 繩

元 心圓 通事

憲 心春 正議大夫 嘉靖四十二年貢使

宋 伯寮 通事

俊 眞德 正議大夫

藝 心湖 通事

九世　十世　十一世　十二世　十三世

八世俊長子 藝

大器 心阜 秀才

永昌 心徹 秀才

永安 巨鎮 紫金大夫

天麟 世瑞 通事

廷極 君都 通事

廷楨 廷楨 秀才

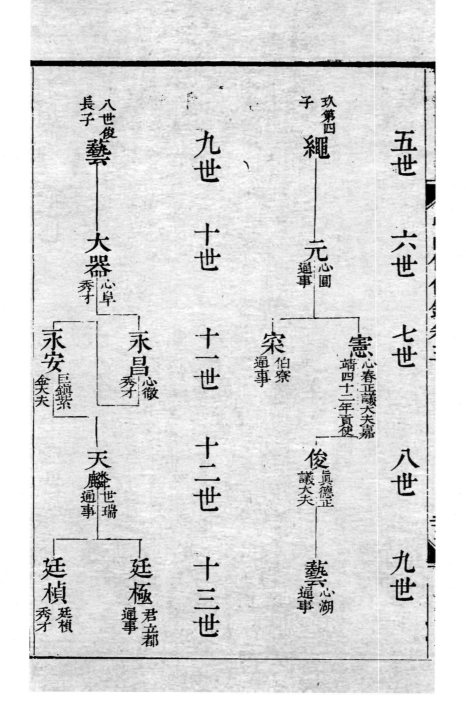

八世　九世　十世

- 禮　榮第三子
  - 逅　行橋正議大夫
    - 宗　尊橋都通事
  - 廸　憲橋萬曆七年入太學都通事
  - 道　敬橋正議大夫
    - 子樂　纘橋都通事
- 禧　榮第四子
  - 儀男　威橋通事
    - 德　崇橋通事
  - 思存　誠橋通事
    - 賢　希橋通事

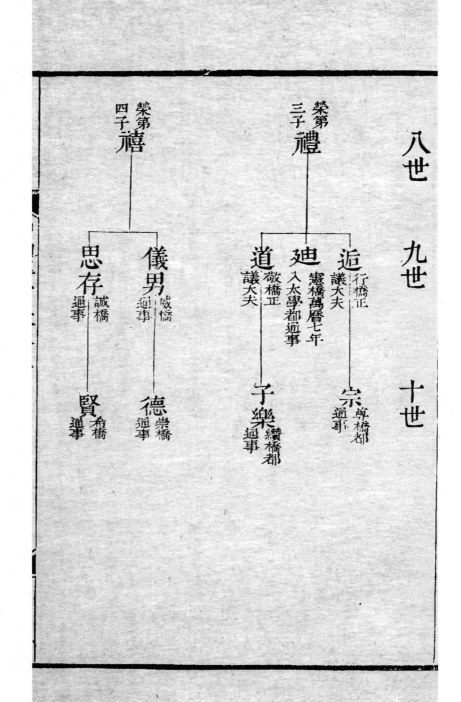

十二世　十三世

宗養第二子 明良

國柱 廷材 通事

國棟 任木 通事

國楨 廷幹 通事

十二世　十三世

宗養第三子 世良

秉和 秀才

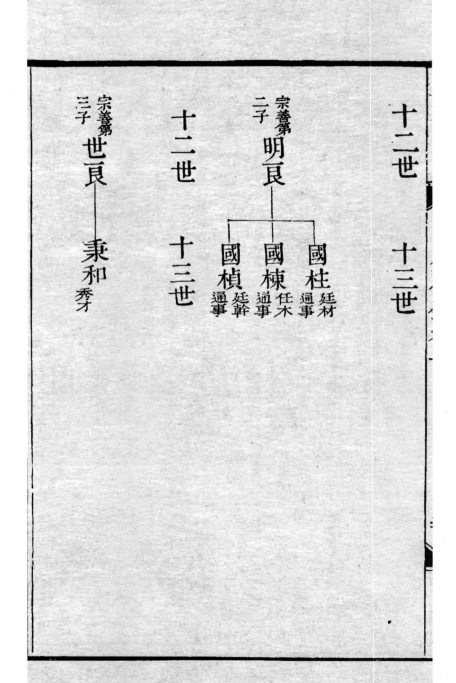

梁氏原福建福州府長樂縣人十世共六十九人

一世　二世　三世　四世　五世

始祖嵩 子江長史

仁 字克

傑 字江都通事

顯 環峯正議大夫嘉靖二十四年二十八年貢使

基 景江都通事

賢 貴江通事

五世

基
四世顯長子

六世

濟民
深江
通事

惠民
清江
秀才

澤民
思江
長史

七世

應材
紹江
正議大夫

八世

邦翰
艷江
正議大夫
康熙二十一年貢使

邦基
本寧
正議大夫
康熙三十八年貢使

九世

堅
通事

成楫
得遠
康熙戊辰入太學
都通事

鏞
得聲
都通事

津
得濟
通事

烱
得照
通事

增
秀才

八世	九世	十世
邦基（七世應材第三子）	鼎（廷器，秀才）	
	鏞（八世邦翰長子）	琮
		珍
		琴
	成楫（八世邦翰第三子）	煌
		烈

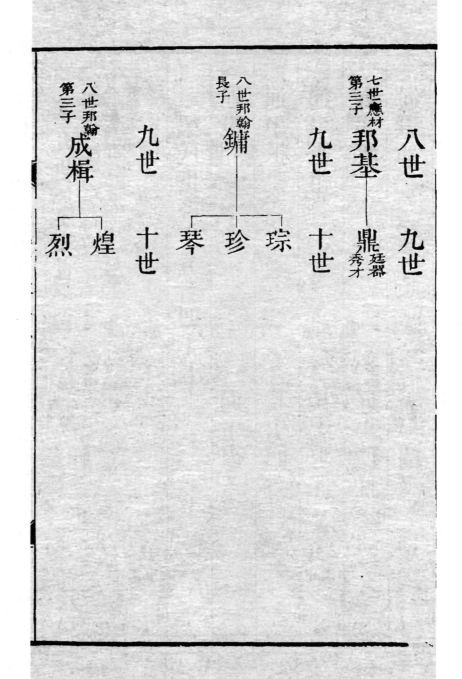

九世　十世

八世邦翰第四子 烱 — 經 通事；綸

梁氏世系未考者四十五人

通事湘　通事復

通事拫　長史回 景泰元年貢使

通事密祖　長史求保

通事振　通事德仲

通事袖　通事琦

長史賓
正議大夫應成化十八年貢使
正議大夫德弘治五年七年貢使
通事信
通事正
正議大夫能正德六年貢使
通事澤順
秀才淵
正議大夫寬
都通事裕
秀才珀
通事敏
秀才洪
通事廣
通事俊
正議大夫椿嘉靖十三年貢使
秀才貴
秀才實

通事瓚　通事瀚

秀才瑞　通事仕

秀才敬　長史梓嘉靖二年入太學十九年貢使

正議大夫炫嘉靖十五年入太學三十二年貢使

秀才明　秀才棟

正議大夫碩嘉靖三十四年貢使　正議大夫灼嘉靖四十四年貢使萬曆十一年貢使

官生焌嘉靖四十四年入大學　官生炤嘉靖四十四年入太學

通事璧　通事煩

正議大夫燦萬歷九年貢使　通事順

金氏原福建口口人十一世共三十三人

一世　二世　三世　四世　五世

五世　六世　七世　八世　九世

始祖瑛 度光通事

鏘 常清通事

璧 益基都通事

章 弘基舍人

艮 翠江正議大夫嘉靖三年正德十五年貢使

鼎 調美通事

昇 一笄都通事

四世艮長子 昇

仕歷 龍江正議大夫

應魁 文江長史

應斗 明江正議大夫

應元 耀江正議大夫崇禎十二年貢使

正華 麗江都通事

如華 紹江秀才

世璵 隆江通事

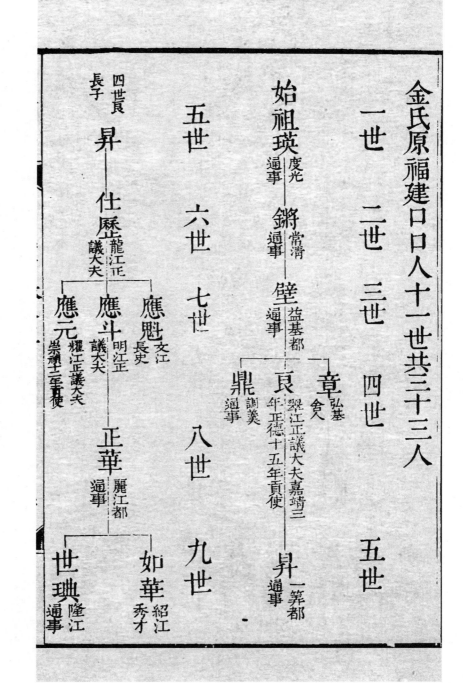

九世　十世

世瑛（八世正華第二子）——璋（伯書　秀才）

七世　八世　九世　十世　十一世

應斗（八世仕歷長子）——庭輝（長江正議大夫）——守約（玉江中議大夫）——溥（浩然都通事）

聯（廷蟬　秀才）
職（廷述　通事）
聲（廷宣　通事）
聰（廷達　秀才）
聘（廷晉　秀才）

七世　八世　九世　十世

應魁　六世仕歷第二子

思敬　瑞江　秀才

正春　錦江　康熙三年謝封使紫金大夫

元達　德江　正議大夫

元選　萬江　都通事

元邃　永生　通事

元遂　穆升　通事

秉忠　惠江　秀才

震　承華　都通事

九世　十世　十二世

元遂　八世正春第四子

簡　承符　秀才

龐　秀才

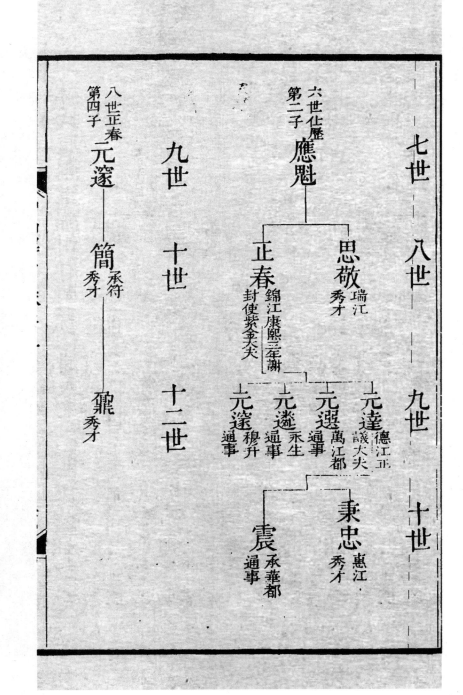

林氏原福建福州府閩縣林浦人十二世共二十一人

一世　二世　三世　四世　五世

始祖喜 祉正 通事

- 昌 蕘爾 通事
- 茂 永春 通事
  - 榮 時芬 通事
    - 盛 成柱正議大夫
      - 世昌 順慶 通事
      - 世泰 長芸 秀才
      - 世茂 日芳 通事
    - 華 可章 秀才
  - 喬 國宜都 通事
    - 椿 木春 通事
    - 達 從政 通事
- 英 仙芝都 通事

五世　六世　七世　八世　九世

四世盛第二子 世昌

- 璋 耀崑都 通事
  - 國用 振亭正議大夫
    - 喬棟 瑞亭 通事
      - 茂盛 錦菴正議大夫
- 璉 玉連 通事

九世　十世　十一世　十二世

八世喬棟長子茂盛
謙 自牧 通事
天材 秀豐 秀才
永隆 天寵 通事

阮氏原福建漳州府龍溪縣人五世共十七人

一世　二世　三世　四世　五世

始祖國 我孝 正議大夫 萬曆三十四年謝封使

士元 德一 都通事

起鳳 鳴岡 都通事
起龍 從雲 正議大夫

廷嘉 孚吉 都通事
廷章 聖哉 都通事
維華 允協 通事
維德 台先 都通事

璋 章玉 正議大夫 康熙五十四年貢使
玠 介玉 都通事

維新 天受康熙戊辰入太學康熙五十三年貢使紫奐夫 —— 則北 子岳秀才

五世 —— 六世

四世廷嘉長子璋 —— 皐邁 黎懷秀才

四世 —— 五世

三世起鳳第二子廷章 —— 繼南 小咸秀才

四世 —— 五世

為模 蠢龕秀才

- 三世起龍第二子 維華
  - 爲標 君錫 通事
  - 爲棟 君輔 秀才

毛氏原福建漳州府龍溪縣人五世共十八人

一世　二世　三世　四世　五世

- 始祖國鼎 擎宜正 議大夫
  - 世顯 文光都 通事
    - 文英 在兹都 通事
    - 文彩 周典 秀才
    - 文善 體仁正 議大夫
      - 士達 子明都 通事
      - 士豐 子翀都 通事
        - 如茂 松亭 秀才
        - 如德 峻亭 通事
        - 如苞 筠亭 秀才
      - 士弘 子毅 秀才
      - 士順 子孝 秀才
    - 文哲 理齋正議大夫康熙四十八年夏使

三世 四世

二世世顯第五子
文英

日章 闇菴 通事
日新 銘菴 通事
日盛 誠菴 秀才

三世 四世

二世世顯第七子
文哲

世安 山公 通事
世定 秀才

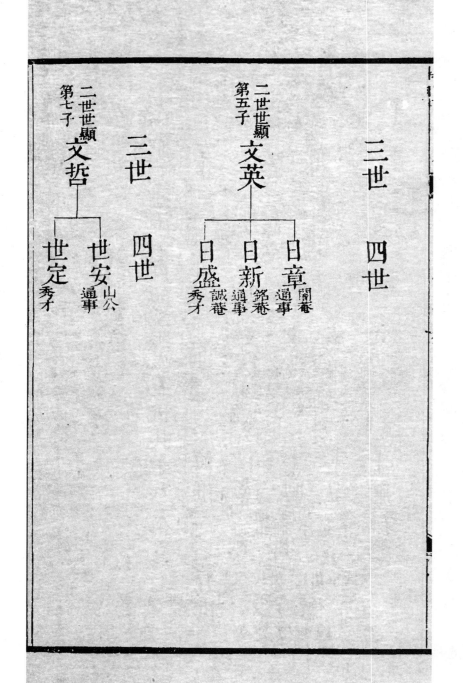

取士

國中人入仕宦者惟首里泊那霸久米四村之人餘皆村戸其畧識國字者爲酋長曰掟（土名山巴歸）奉文檄調遣村民任徭役其次爲保長曰大屋者（土名山劈姑）皆任下役戴青綠帽終身爲之不升遷也

首里泊那霸三村民曰仁也其俊秀知書者呼爲子子剃頂髮號筑登之郎登仕郎次名筑登之座爲登仕佐郎又有名若筆者如中國筆帖式又有副筆者有大筆者有大官筆者主理一鄉事如各鄉村山巴

歸之類不升遷其入仕者授地爲筑登之親雲上以漸升遷至親方

此爲平民子弟入仕之始

世官子弟呼爲里之子蓋言公子也土名察度奴示（土音讀察度二字如里字奴字如之字示字如子字）年小者爲內使佐郎名里之子座供內役親侍從年過十五至十八剃頂中髮易小髻即不復入授地爲里之子親雲上以漸升至親方

此爲宦家子弟入仕之始

久米村皆三十六姓閩中賜籍之家其子弟之秀者年十五六歲取三四人爲秀才其十三四不及選者名若秀才讀書識字其秀才每年於十二月試之出四書題令作詩一首或八句或四句能者籍名升爲副通事由此漸升至紫金大夫紫金大夫亦稱曰親方此爲久米子弟入仕之始

采地祿

王叔王孫勳舊大臣皆授一府或二府爲采地大夫以下有功者三十六姓世襲者皆受一縣爲采地初

賜者世其祿長子承受其自致爵位所授采地官已即除歲收其地所出三分之二如田一頃出米一百石耕夫收五十石祿主收五十石祿主五十石內有公費雜泒等一十餘石除此外實收三十餘石約當三分之二也雞豕薪樵之數以米石多少爲準以時取之其采地之人來受役者視官秩爲多寡國相法司十六人紫金大夫十一人紫巾官十人黃帽官四人紅帽官二人皆月更

國相采地一府或二府祿六百石有功者加七八九百

至千石止世襲嗣子及孫賜祿三百石采地一府至曾孫量功爲差

法司采地一府祿四百石例世祿嗣子及孫賜祿八十石采地一府至曾孫量功爲差

國舅采地一府（或一縣）祿八十石或百石二百石皆量功賜之世祿視功之大小賜祿采地及子孫

紫巾官采地一府（或一縣）祿三十石或四十五十至八十石止皆視功之大小賜之世祿量功爲差

司賓耳目官采地亦一府祿八十石典寶司刑管泊

耳目官並度支正度支同知皆四十石賛議官皆俸

支給一十六石

那霸官釆地一縣祿八十石

遏闥理官俸支給十石

以上首里泊那霸本國職官釆地祿俸之數

紫金大夫釆地一邑祿五十石或八十石或百二十

石皆視功之大小賜之世祿賜嗣子釆地祿五十石

或四十石至孫量功爲差 明季有紫金大夫蔡堅者祿三百石賜嗣子一百石

康熙癸卯年以後減爲五十

石孫四十石今曾孫三十石

正議大夫采地一縣祿二十石或三十石量功爲差

未賜祿者歲俸支給一十二石

中議大夫采地一縣歲俸支給一十石

長史采地一縣祿二十石

都通事俸支給八石或有采地或無采地

副通事俸支給五石

通事俸支給四石

秀才俸支給二石原有三石康熙癸亥年以後裁減爲一石

若秀才一石原有二石癸亥年以後裁減爲一石久米子弟自七歲爲若秀才即有俸首里

那霸子弟仕至庫官始有俸下此皆無俸也

以上久米村唐營職官俸祿之數

耳目官以下大小官員有功者世祿采地傳及子孫皆量功爲差

土田

土田皆於九月十月耕種五月收穫畢各官分賜采地皆親至其地視耕視穫有職官或子弟督之十月十一月綠秧皆出水科秧分蓺大雨時行雷震發生蚯蚓鳴氣候如春北風間作亦不甚凛冽十一月下

旬遣加謁者一員察侍紀官二員分巡各村勸農月餘始歸六月中大颶屢作海雨横飛果實皆落歲以爲常非收穫早畢必多拔禾之患故其國秋耕冬種春耘夏收者一就雨澤之利一避颶颶之害經年溫燠理宜兩熟而六月後皆曠田不事者以此

曆

曆奉正朔貢使至京必俟十月朔頒曆賚回及至國已踰半年故國人設司曆通事官秩七品豫推算造曆應用曆面書云琉球國司曆官謹奉教令印造選

日通書權行國中以候
天朝頒賜官曆共得凛遵一王正朔是千萬億年尊王
歸化之義也
禮儀
冬至元旦國王皮弁執珪先拜歲德隨歲德所在之方向之拜乃
北向遥賀
皇上萬萬歲三跪九叩禮畢始登殿受百官賀禮如明
制就班一揖跪三拜興一揖跪又三拜興又一揖禮
畢皆用樂　明夏子陽使錄云元旦行禮後各官易

常服王亦衣寬博錦衣戴五色錦帽坐閣二層衆官
跪階下唱太平曲皐者按拍和歌尊者捧觴爲壽王
亦等級賜之酒餚今聞元旦行禮後國人皆散惟久
米村大夫下至秀才王皆賜酒醻竟日乃散
上元國王登殿受賀禮同元旦
皇上萬壽聖誕王率陪臣北向祝如元旦禮
國王誕日登殿受賀禮如上元各官升遷俱于此日
計功定爵
辨嶽行香國王登位受封皆親祭每年正月五月九

月國王齋戒舉行祭山海及護國神或遣官行禮辦嶽之神名祝祝乃天孫氏第二女也神牆四周叢木尤攢密小門内拒南向門外木亭二所左傍有小石塔及石燈案左右各五入門内石磴北屈而東數十階級至頂無所有石爐上炷香數十枝而已此爲祭本山神處　木亭前平地方廣南向見海東南方有一石爐炷香爲祭海神處　國中凡叢木蒙密短垣四周有小門内拒者皆名嶽如中國土地之神村村皆有之

崇元寺先王廟春秋二祭或親祭或遣官三日齋樂俱用天孫太平歌歌祖宗功德神靈歷世綿遠之意

圓覺寺本宗香火有時祭有月祭名蘭盆祭三日齋忌辰有特祭朔望獻茶　天王寺天界寺禮同

先王廟神主昭穆圖

十五昭	十四昭	十三昭	十二昭
尚益	尚貞	尚豐	尚永

歷代有功王叔

十一昭　尚清
十昭　宣威
九昭　尚圓
八昭　尚泰久
七昭　尚思達
六昭　尚巴志
五昭　武寧
四昭　西威
三昭　英慈

二昭　英祖

一昭　舜馬順熙

○舜天

一穆　義本

二穆　大成

三穆　玉城

四穆　察度

五穆　思紹

六穆　尚忠

穆七 尚金福

穆八 尚德

穆九 尚眞

穆十 尚元

穆十一 尚寧

穆十二 尚賢

穆十三 尚質

穆十四 尚純 未爲王不當並列先王廟神主之次主稱先祖尚純尤不安或云此暫設之當別祔他廟

先代王妃

前使汪楫中山沿革志前圖序次少紊今考正之
諸皆稱神主惟寧豐賢質四主稱尊靈又加稱其
字寧曰康翁豐曰宗盛賢曰秀英質曰直高
圓覺寺左廡神主圖

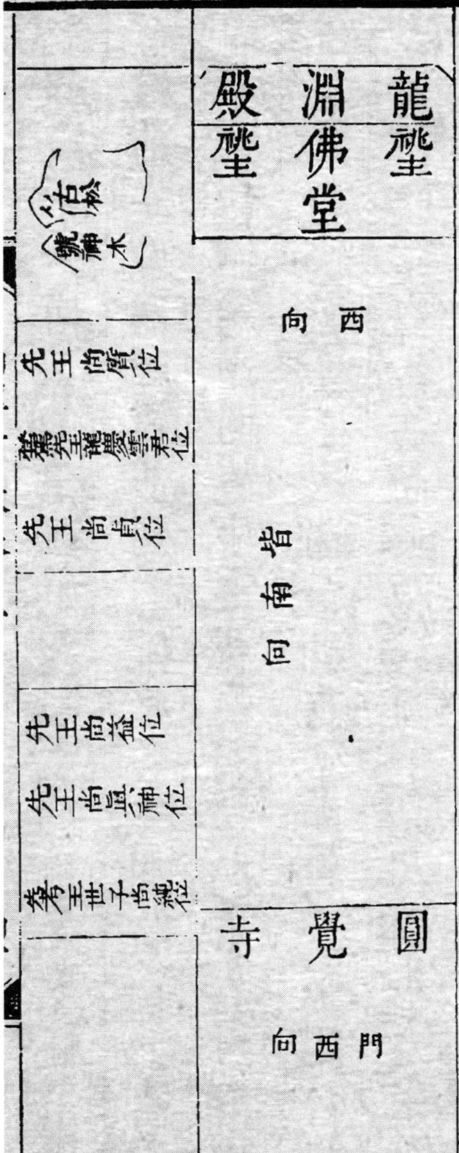

佛殿中一間供佛左右如夾室藏已祧先王神主佛殿前左廡爲神殿並列二堂堂各三間皆南向上一堂三龕中爲尚圓龍慶雲君蓋其謚也是爲國王始祖左龕尚質今王之高祖也右龕尚貞今王之曾祖也下一堂三龕爲尚眞乃尚圓子是爲國王太宗與始祖尚圓皆爲不祧之主故皆居正中一龕左龕尚益今王之父也右龕尚純今王之祖也父反居左祖反居右者昭穆位定不嫌同尊也　天王寺內亦有神主佛殿南向三間中供佛左一間神主二一書歸

眞尚稷神位乃始祖尚圓之父也一書歸眞尚久神
位尚久乃尚豐王之父尚元第三子也二人皆王父
未爲王故另奉于此旁二主爲王妃右一間四主俱
王妃也　天界寺內有尚懿神主乃尚寧王之父寺
中皆女主供王妃及王姊妹出嫁有家祠者亦得祔
先王尚益卒始葬後神主在天界寺男女各官孝服
每日哭臨百日後移主天王寺男女亦每日燒香帛
迨除服三年後始遷祔圓覺寺神龕內此後內人不
得與祭列矣以前先王禮皆如此

聖廟春秋二祭康熙五十八年正月紫金大夫程順則啓請祭孔子用大牢祭啓聖公用少牢其爵帛粢盛籩豆之數具圖載之其祭品本國所無者皆以土產代之祭期前三日與祭者皆齋戒前一日演禮省牲丁日王遣紫金大夫丑時祭啓聖祠遣法司官寅時祭聖廟皆行三跪九叩首飲福受胙禮是年二月始行此禮自此以前以紫金大夫或長史官爲主祭行八拜禮不行飲福受胙禮惟焚楮不用帛又無齋戒省牲禮似太簡故啓請今禮如儀

聖廟祭品圖

至聖先師位

帛

爵 [illegible]羹

爵 太羹

爵 和羹

白餅 黑餅 芡 鹿脯

以甘蔗代芡以羊代鹿

形鹽 藁魚 棗 栗

以橘子代棗以芭蕉菓代栗

黍 稻

稷 粱

韭菹 醓醢 菁菹 鹿醢

以羊代鹿

芹菹 兔醢 筍菹 魚醢

以鵝代兔

羊 全體

牛 全體

豕 全體

燭 香 燭

四配每位

帛

爵 爵 爵

和羹 和羹

白餅 黑餅 芡 鹿脯 甘蔗 羊脯

形鹽 藁魚 棗 栗 橘子 芭蕉

黍 稻

稷 粱

韭菹 醓醢 菁菹 鹿醢 羊醢

芹菹 兔醢 笋菹 魚醢 螽醢

羊 全體

豕 全體

燭 香 燭

啓聖祠祭品圖

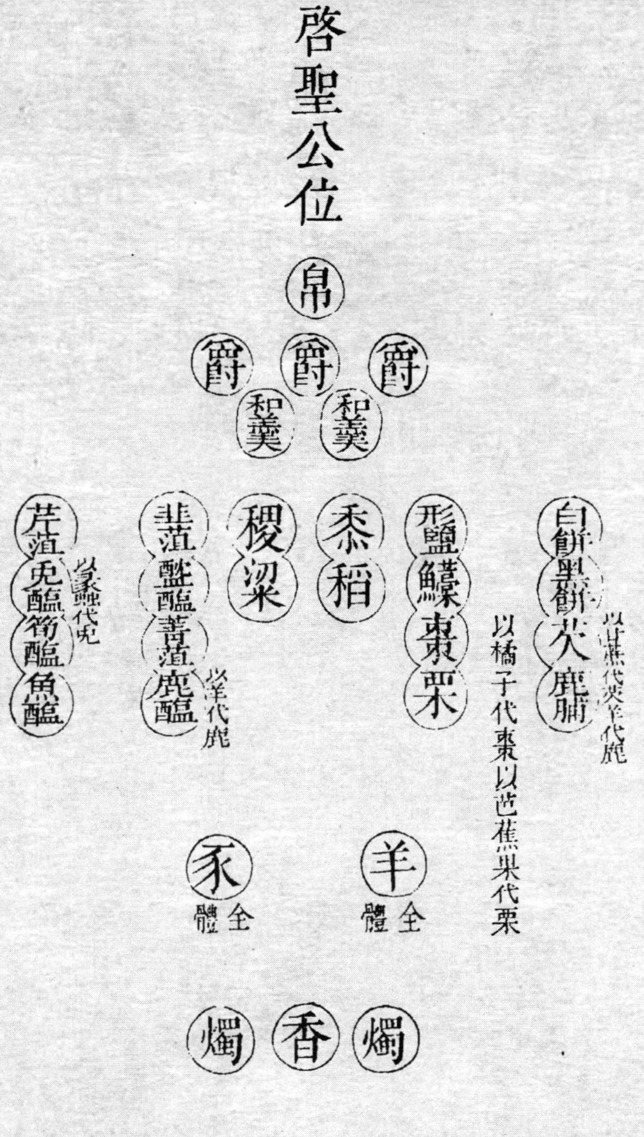
啓聖公位
帛
爵
爵
爵
和羹
和羹
白餅
黑餅
芡
鹿脯
以甘蔗代芡羊代鹿
以橘子代棗以芭蕉果代栗
形鹽
藁魚
棗
栗
黍
稻
稷
粱
韭菹
醓醢
菁菹
鹿醢
以羊代鹿
芹菹
兔醢
筍醢
魚醢
以豕醢代兔
羊
全體
豕
全體
燭
香
燭

配饗每位

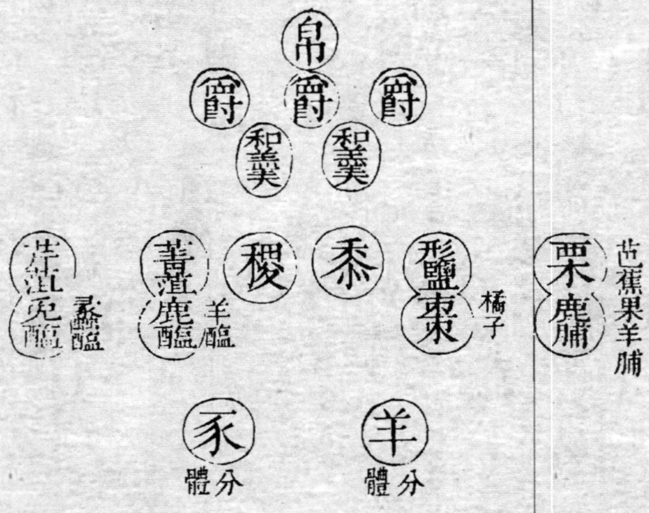

【蜡祭】每年五月六月各地方收穫後舉行報賽田神諸禮　中山世鑑云古初未知稼穡阿摩美久初分種粟菽于久高島姑達佳知念大川玉城諸處春稻夏熟至今在所春夏四度祭神二月久高四月知念玉城是爲報本返始之大祭也

【請雨】每於十月墾種後先三日齋各官皆詣龍王殿及天尊廟拜請又請龍王神位升龍舟至豐見城設雨壇拜請旱甚國王親詣椅山雩壇躬禱或詣雨城在玉城村内躬禱首里圓覺寺及波上護國寺皆令僧衆

人祈禱

凡跪拜皆合掌膜拜伏地久之乃起搓手爲敬婦女拜先雙手左右三拂膜拜叩首與男禮同見舅姑尊長始行之平行無交拜等禮儀也

凡拜佛先膜拜一叩頭起立手九拂再叩一首起立又三十三拂父兄代病者許愿求神者共三百三十三拂

學

聖廟在久米村泉崎橋東門西向進大門庭方廣十

餘畝上設拜臺正堂三間夫子像前又設木主四配
各手一經正中梁上亦摹
御書萬世師表四大字榜書前使汪林各有記書木牌
上立左右文多不錄康熙十三年立廟尚未有學康熙五
十六年紫金大夫程順則因學宮未備取汪林二公
廟記之意啓請建明倫堂又於堂中近北壁分小三
間奉祀啓聖併四配神主五十七年秋七月起工冬
十月告成明倫堂左右兩廡蓄經書籍文畧備國王
又命紫金大夫程順則刊刻

聖諭十六條演義數節月令講之舊例以紫金大夫一
員司教每旬三六九日詣講堂稽察諸生勤惰兼理
中國往來貢典并叅贊大禮又於久米內大夫都通
事秀才諸人中擇文理精通者一人爲講解師又擇
句讀詳明者一人爲訓詁師講解師歲廪十二石設
學於啓聖祠內以教通事秀才之成業者訓詁師歲
廪八石設學於上天妃宫以教七歲以上之初學者
首里亦有鄉塾三所其外村小吏百姓之子　櫺星門
弟則以僧爲師皆學國字有草書無楷字
內庭中有石碑大夫程順則記其畧曰琉球遠在海

外去中國萬里自明初通中國膺王爵洪武二十五年王子洎陪臣子弟始入大學復遣閩人三十六姓往鐸焉萬曆間紫金大夫蔡堅始繪聖像奉鄉中縉紳祀於家康熙十一年前紫金大夫金正春啓請立廟王允其議廼卜地久米村令匠氏庀材運以斧斤施以丹雘迄康熙十三年告竣越明年塑聖像於廟中左右立四配王命儒臣於春秋二仲上丁日行釋奠禮既新輪奐復肅俎豆猗歟稱甚盛焉臣順則恭奉教令摛筆述興造始末并勒之石以垂不朽云康

熙五十五年丙申立程順則又有廟學紀畧記建廟
興學顛末并講解訓詁師姓名甚備大夫蔡文溥中
山學校序云中山自通貢典文教三百餘年今子弟
遊觀通經甚少是由父兄之訓不嚴遂至子弟之業
不修也今我嗣君勤修學問自王都以及鄉邑各建
學堂選士之通經善行者爲師以教子弟又遣近使
巡宣諭勸諸生曰爾曹潛心肄業孤甚嘉之但學必
以不倦爲功積久而後有成不可以旦夕效也且學
不但誦讀章句而已小而灑掃應對進退之節大而

修身齊家治國之道以至敦人倫篤家族和鄉黨美風俗無非學也爲師者當以此敎爲弟者當以此習即國之取士亦不外此可不勉歟嗚呼吾君之所以振興文敎者至矣大矣由是師之所敎弟子之所習皆以實而不以文凡所以致知力行之事致君澤民之道莫不盡心講求以養成德器躋中山於一道同風之治矣又云方今新嗣君聰明性成爰開講席用進儒臣日講詩書以求治國之道化及於下首里那霸皆立學校以教子弟文風大振豈非盛事歟我唐

榮之人自幼而冠賜俸養育立師教子深蒙國恩更
當倍蓰其功上不負教養之恩斯無媿矣蔡文溥康
熙二十五年入太學讀書生之一也故其言有次序
如此

官生入國學讀書

本朝康熙二十三年使臣汪楫林麟焻代題遠人嚮化
求遣子弟入學讀書二十五年尚貞王遣官生梁成
楫蔡文溥阮維新入國學讀書二十七年九月入監
上爲特設教習一人福建鄭某教習一年寧波貢生徐

振教習三年徐振議敘以州同卽用官生三人皆照
都通事例日給雞一肉二觔茶五錢腐一觔椒醬油
菜等俱備每年春秋賜綿緞袍掛紡絲紬褲各一㝠
帽一靴襪各一雙夏賜紗袍掛羅衫褲各一冬緞面
羊皮袍掛綿襖褲各一皮帽皮靴絨襪被褥俱備從
人皆有賜每月紙墨硃筆銀一兩五錢皆鴻臚寺闗
給二十九年貢使耳目官溫允傑正議大夫金元達
到京國王請遣官生歸國賜宴各給賞雲緞紬布等
物乘傳遣歸

代請官生入學讀書疏

差回琉球國翰林院檢討臣海寶編修臣徐葆光等

謹

奏爲奏請事臣等奉

旨冊封琉球禮畢宴語王令通事致詞云本國僻處海

外荒陋成風於康熙二十五年奉

旨許遣官生阮維新蔡文溥等三人入學讀書今得畧

知文教皆

皇上之賜也自此三十年來無從上請今幸

天遣使臣至國求照前使汪楫代請入學讀書舊例陳
明遠人向化之意倘蒙
諭允得照前例再遣官生入學讀書則
皇上文教益廣矣
禮部謹題爲奏
聞事禮科抄出差回琉球國王正使翰林院檢討海寶
副使翰林院編修徐葆光等奏於康熙五十九年七
月十五日到部該臣等議得
冊封琉球國王使臣翰林院檢討海寶編修徐葆光等

奏稱臣等
冊封琉球國王禮畢宴語王令通事致詞云本國僻處
海外荒陋成風於康熙二十五年奉
旨遣官生阮維新等三人入學讀書今得畧知文教自
三十年來無從上請幸
天遣使臣至國求照前使汪楫代請入學讀書舊例陳
明遠人向化之意倘蒙再遣官生入學讀書則
皇上文教益廣矣等因具奏到部查康熙二十三年差
往

冊封琉球國王使臣翰林院檢討汪楫等將該國王尚
貞所請令陪臣子弟赴京入監讀書等語轉奏到部
臣部照其所請議覆具題奉
旨依議欽遵在案今琉球國王尚敬傾心向化旣稱再
請將官生入學讀書則
皇上文教益廣等語應如所請准其官生等赴京入監
讀書應行事宜到日再議具題可也於康熙五十九
年八月初三日題本月初五日奉
旨依議

禪宗

國無道士釋有臨濟宗眞言教二種臨濟宗爲禪門戒葷酒多學爲詩眞言教爲人作佛事如中國副應僧之類葷酒不盡絕矣居首里諸寺者皆臨濟宗在那霸者惟東禪寺淸泰寺及廣嚴寺三處爲禪宗餘俱眞言教也

國自唐時有佛智圓融國師渡海叅學始有臨濟宗藏經所有者惟法華經維摩經楞嚴經法寶檀經梁皇懺臨濟錄中峯錄碧巖錄等又有三籟集石屋中

峯脩堂三僧所著三僧皆元時人又有高泉禪師本朝初閩人後居日本黃蘗山著有洗雲詩集佛國詩偈藏林集其弟天池閩僧能書

國禁僧不得渡海入中國惟至日本叅學者有之僧衣多用朱黃色等紬絹爲之袈裟外更有一衣如背心狀名斷俗帽多用氈如中國笠帽然

僧祿

僧披剃後有名著籍上之理梵司皆有廩米圓覺寺僧爲國王本宗香火所在僧祿特重歲八十石天王

寺天界寺崇元寺（即先王廟）歲二十四石臨海寺亦二十四石護國寺四十石二寺在海濱爲國王許愿獻佛之所故祿石次之其他有萬壽寺神德寺聖現寺龍福寺安國寺不論僧衆多少每年支米八石（一云支口糧四名每名一石三斗五升共五石四斗云）

中山傳信錄卷第五

中山傳信録卷第六

弓箭

月令

土產

字母

琉球語

中山傳信錄卷第六

冊封琉球國王副使　賜正一品麟蟒服翰林院編修加二級臣徐葆光纂

風俗

中山風俗已見前錄兹役久淹見聞尤夥畧爲詮次以備採風

正月十六日男婦俱拜墓　女子於歲初皆擊毬爲戲又有板舞戲橫巨板於木椿上兩頭下空二三尺許二女對立板上一起一落就勢躍起五六尺許不傾跌攲側也

板舞圖

二月麥穗祭國中同日祭麥神此日婦女不作女紅
男不事田野（麥穀四祭皆同）
二月十二日花朝前二日各家俱浚井女汲取井水
洗額云可免疾病
三月三日上巳家作艾糕相餉遺官民皆海濱禊飲
又拜節相往來　此月中同日又祭麥神謂之大祭
五月五日競渡龍舟三（泊一那霸一久米一）一日至五日角
黍蒲酒同中國亦拜節　此月稻穗祭選吉同日祭
稻神此祭未行稻雖登場不敢入家明夏冊使子陽

使錄云國中神有女王者王宗姊妹之屬世由神選以相代五穀成時女王渡海至姑達佳山採其穀穗成熟者嚼之各處乃敢穫若未嘗先穫者食之即斃故田間絕無盜採者

六月稻大祭選吉同日祭稻神　又有六月節國中蒸糯米爲飯家家相餉此日亦不作女紅不事田野同上四祭日　此月有月之夜士民皆拔河爭勝

七月十五日盆祭祀先預於十三日夜家家列火炬二於大門外以迎祖神十五日盆祭後送神

八月家家拜月明夏子陽使錄云俗有待月之願凡月初三十八二十三夜皆修吉菓拜待初三夜焚香對月拜十八夜焚香立待待升明而拜拜畢乃敢坐二十三日焚香坐待待月出則拜謂可益壽延禧

白露爲八月節先後三日男女皆閉戸不事事名守天孫此數日内如有角口等諸事故必犯蛇傷國中蛇九月出傷人立斃

同日蒸糯米交赤小豆爲飯相餉

十二月逢庚子庚申日通國皆作糯米糕櫻葉包裹

三四層和糖蒸食相餉名曰鬼糕俗傳古有鬼出作
此祭之亦驅儺禳疫之意　二十四日送竈次年正
月初五日始迎竈
每月朔望家家婦女取瓶罌至砲臺汲新潮水歸獻
竈神或獻天妃前石神
正三五九此四月國人名爲吉月婦女相率至沿海
雪崎洞中拜水神祈福
官民家有人渡海者斲木爲小舟長尺許檣帆俱備
着竿首立庭中候風以卜歸信歸卽撤之

凡許愿皆以石爲神凡神嶽叢祠之所皆有巨石數處離立設香爐炷香燭於前燒酒設牲菓酬愿皆就石獻供不設神像也舊錄有女王女君辨天戈六臂神之類蓋卽君君祝祝開國諸神傳久異辭不盡覈也女巫爲人祈疾者曼聲唄誦徹夜無鼓樂

通國平民死皆火葬官宦有力之家先用生葬踰時舁出仍用火葬前使錄云以中元前後日浴屍于溪水三四五年後以水入穴潑屍去腐肉收骨入甕藏石坎中歲時祭掃啓視之

棺製圓如木龕高三尺許溫水洗膝蓋屈足趺殮

墓皆穴山爲之旣窆壘以石貴家則磨石方整亦建拜臺墓門遠望如橋門更有穴山葬在層崖之上者掃墓不設牲菜用木盤炷香菓挂蕉扇設三板於墓側或折花供墓前

男女食皆不同器各設具別食食餘棄之與客會飲不各設具一梧傳飲筯一雙着盎間同用今其貴官對客亦效中國同器分筯飲食或其居常尚仍舊俗耳夏子陽錄云居官言事必具酒二壺至其家跪而酌之酌畢告以所事云

剃頂髮

前明琉球人皆不剃髮惟不用網巾萬暦中冊使謝行人杰閩之長樂人母舅某從行携網巾數百事至無可售謝使暹冊封禮久不行云本國旣服中華冠帶冊封日如陪臣有一不網巾者冊事不舉琉人競市一空福建至今相謔强市者則云琉球人戴網巾也至　本朝始剃頂髮自國王以下皆遵時制留外髮一圍綰小髻於頂之正中首里與久米人皆無異夏子陽錄云首里人髻居偏久米人髻居中今不然

也剪唇上髭令齊者間有之

五官正

國中惟三種人皆剃髮如僧一爲醫官名曰五官正一爲王宫執茶役者名曰宗叟又名御茶湯六人又有司灌園六人皆全剃髮戴黑巴六稜幔頂寛簷帽名曰片帽衣外多着短掛一領比大衣畧短二三尺許黑巴　二種人皆趨役無時櫛髮恐稽時事故皆使從徑省云

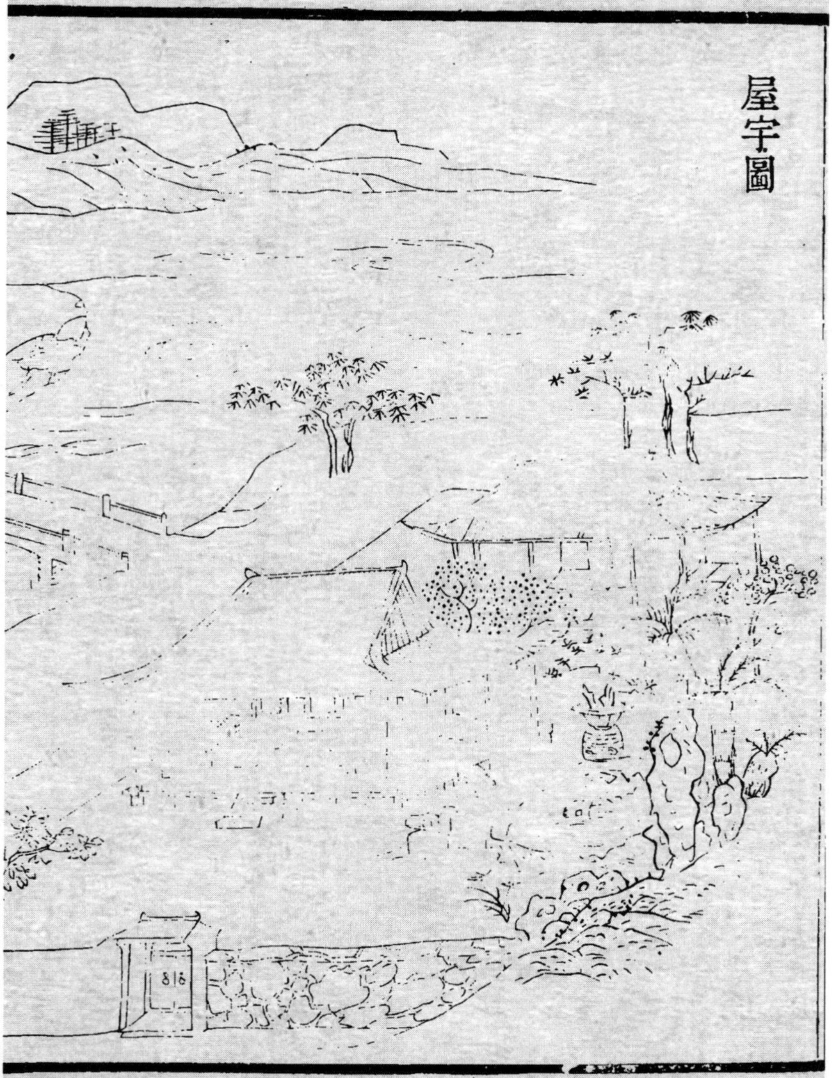

屋宇圖

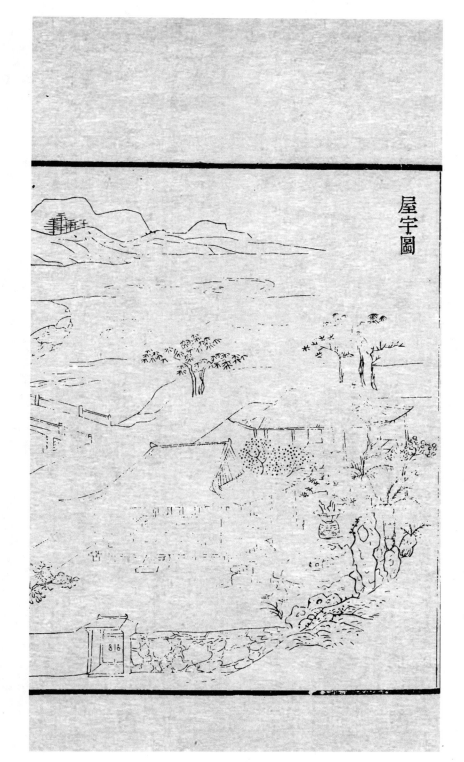

六卷六

屋舍

作屋皆不甚高以避海風去地必三四尺許以避地濕民間作屋每一間瓦脊四出如亭子樣瓦如中國銅瓦極堅厚非此不能禦颶故也　無磚牆每屋四旁皆夾設板爲壁庭院中圍牆及外圍牆則用蠣石壘成首里大家外圍牆磨削一面如切成極堅整無磚地多用板閣高三四尺許

門窻皆無戸樞上下限皆刻雙溝道設門扇其中左右推移以爲啓閉　室中以席裹草厚寸許緣以青

布布滿室中入室必脫三板故名脚踏縣自王宫以至民間皆然

屋宇在那霸所見者皆村中民居首里所見官戚大家牆垣棟宇皆極華整然亦一行作屋分內外無層構複室也

惟官署始連楹八九作大屋每屋一間柱礎多至二十餘所　屋用樫木作梁柱堅潤細理千年不蠹一名羅漢杉大島奇界所出尤良價亦甚貴作屋一間費至五百金故久米大夫家從宦有年尚多結茅者

首里大家皆以此造屋鋪地久之光潤可鑑
壁旣用板無粉墁牆多用砑花重粉箋或白色或白
地綠花者糊之
竹簾極麤以細竹全幹編之挂屋簷四周
屋中畫軸皆短小不過四五尺屋小故也若首里貴
家長與中國畫軸無異
屏幅字或用四扇例先書一大字於首如春夏秋冬
仁義禮智之類下綴詩語三四行亦不必與大字相
應

屋中開軒多旁向或東或西庭院中設小山石樹黃
楊烏木檜松之類必剪束整齊或方或圓層層有致
茸草如茵極細軟柔結寸許連土不散布滿山上下
或置小石池畜魚其中中立小石石上植鐵蕉等小
木爲玩
村逕皆極寬潔多編細葉小竹作屏籬剪葉令齊方
整縝密村落皆是寺院前或列植黃楊剪束就方葉
密如牆數十步許又有樹葉如冬青六七月生小白
花香如梔子極芬烈土名十里香亦截作籬屏將至

王宮夾道數里

米廩

藏米廩亦懸地四五尺遠望如草亭下施十六柱柱間空處可通人行上爲版閣官倉皆如此村民或數家共爲一亭藏米其中分日守望

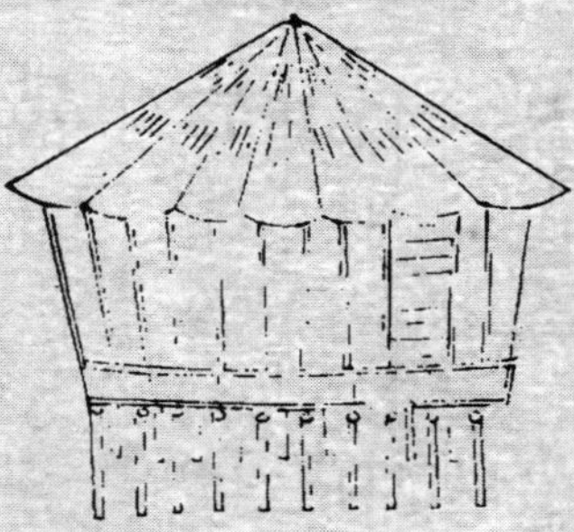

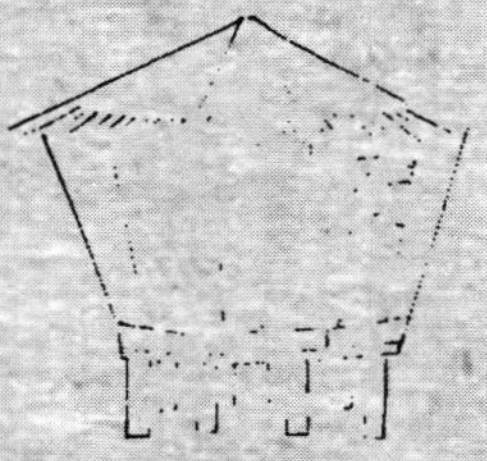

器皿

室中皆席地坐無椅桌之用飲食諸具皆低小以便用其與中土異製者圖之如左

槃

凡飲食置碗之具如古俎豆槃器或方或圓皆著脚高五六寸許食羅數具於前

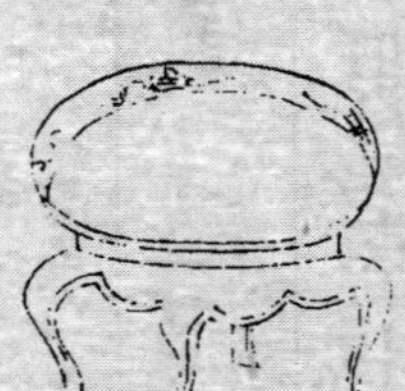

烟架

烟架一奩中火爐一唾壺一烟盆一室中置數具人前各置一具王宮製用甚精飭

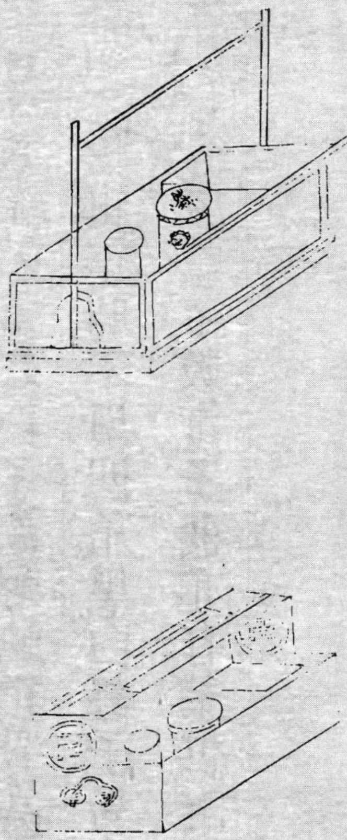

棋枰

棋局高尺許脚二三寸面厚七八寸極堅重使不傾側黑子磨黳石爲之白子磨螺蛤頂骨爲之人皆善奕謂之悟棋下時不用四角黑白勢子局終數空眼多少以定虧嬴不數實子也亦有象棋

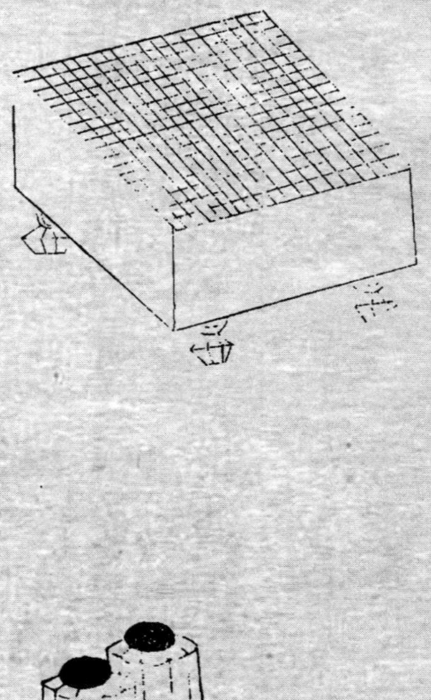

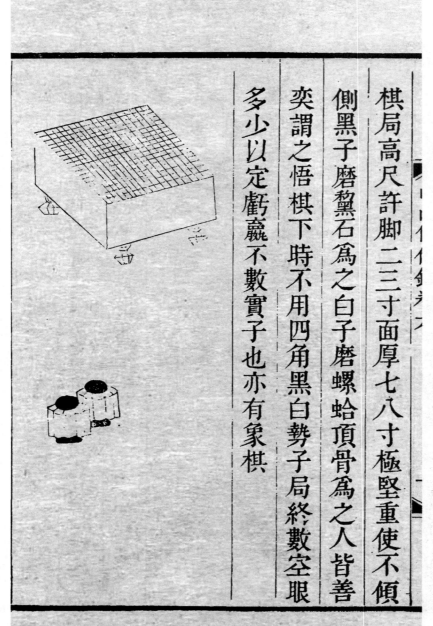

榼

士夫家有一榼或朱或黑滲金間采製作甚精郊飲各攜一具中四器置食物旁置酒壺一盞一筯二諸具略備民家食榼或方或圓皆作三四層刳木爲之

爐

水火爐製用輕簡銅面錫裏一置火一置水外作一小木架盛之下二層黑漆奩三四事中藏茗具入茶擔中國王令秀才二人值之客出遊則攜以隨

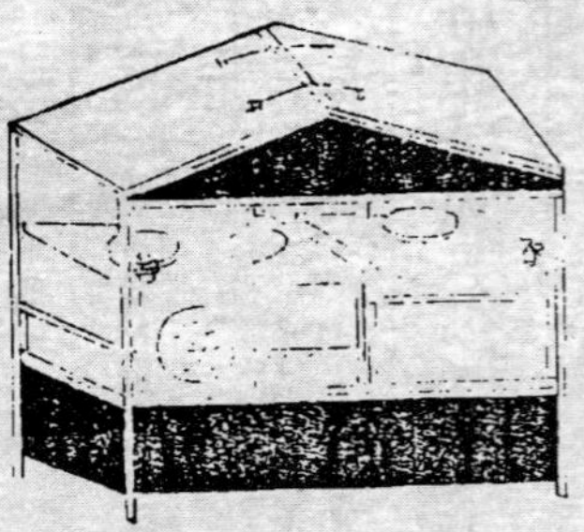

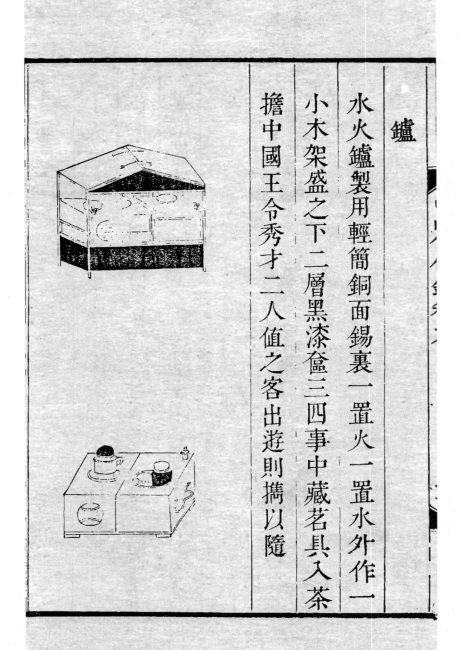

几　書架

曲隱几仿古式繞身如扇形高一尺許加褥其上隱之

書架如鏡架着小座高半尺許席地坐用之

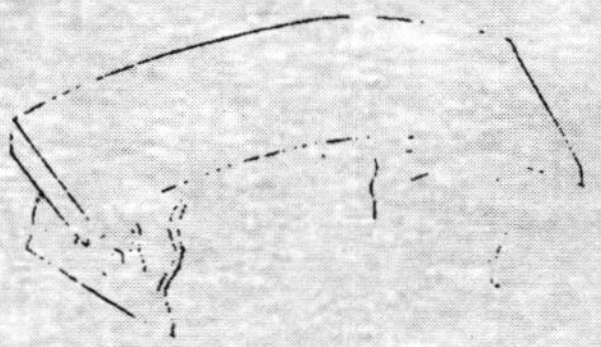

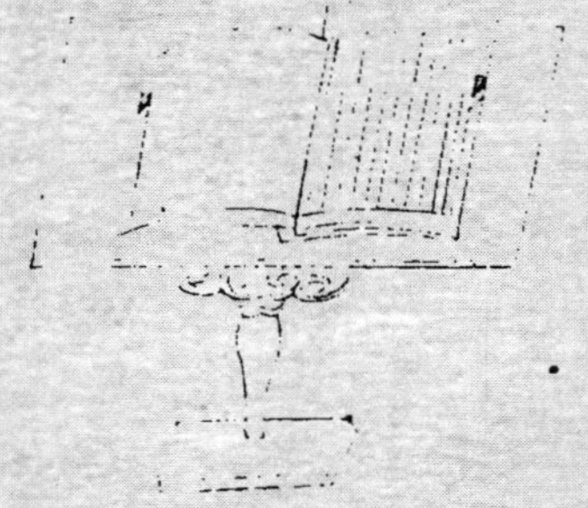

枕

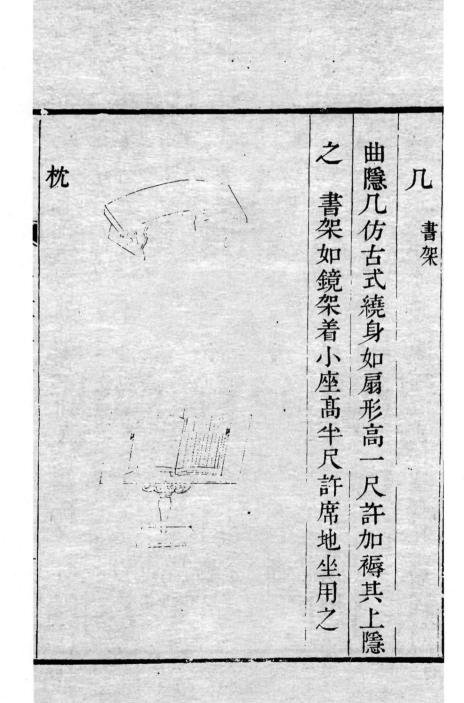

大小套枕中藏數具客至則人授一枕

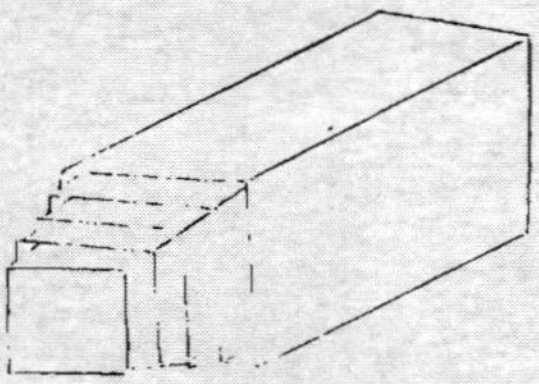

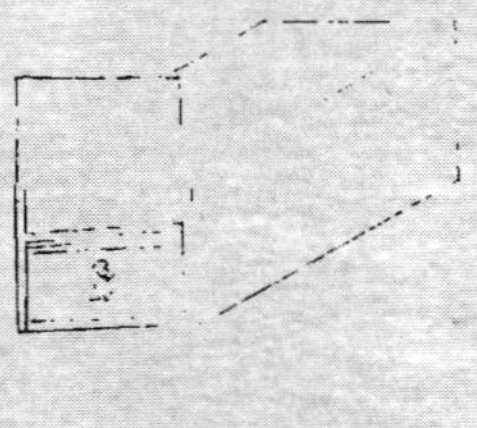

茶甌

茶托　茶帚

茶甌色黃無白地者描青綠花草云出土噶喇其質少麤

無花但作氷紋者出大島

甌上造一小木蓋朱黑漆之下作空心托子製作頗

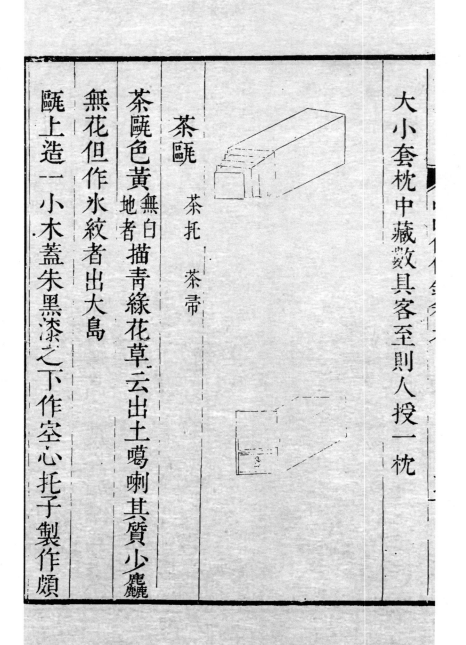

工茶甌頗大斟茶止二三分用菓一小塊貯匙內此學中國獻茶法也若國中烹茶法以茶末雜細粉少許入碗沸水半甌用小竹帚攪數十次起沫滿甌面爲度以敬客

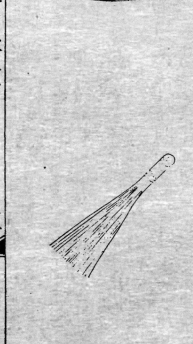

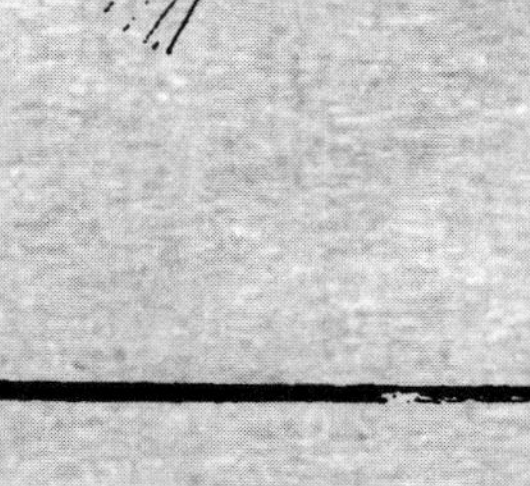

燈　燭

燭燈木底四方格上寬下窄白紙糊之而空其上施木柄釘柱上雖大風不致滅燭也王宮內所用皆然民間燈多不用燭以木作燈四方糊紙高木座籠油碟其中置地席上　燭如黃蠟而色黑國中有油樹取其子窄油爲之

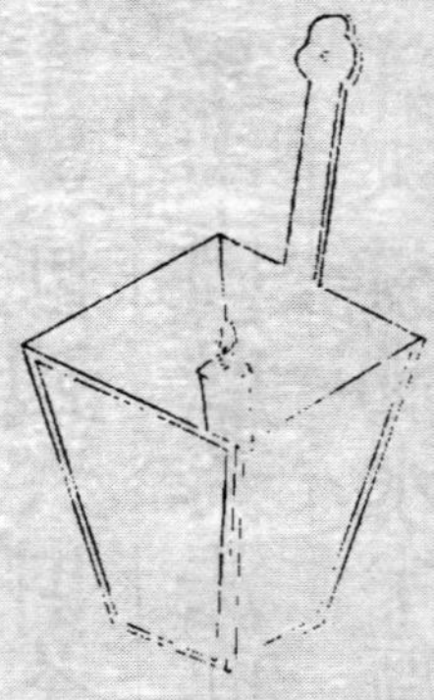

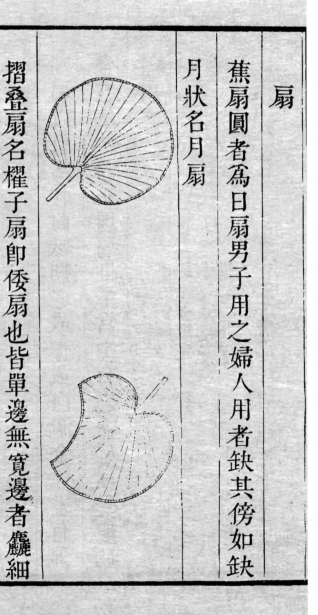

扇

蕉扇圓者爲日扇男子用之婦人用者缺其傍如缺月狀名月扇

摺疊扇名櫂子扇卽倭扇也皆單邊無寬邊者麤細不等有絕佳者本國官民冬夏用之横插大帶間以爲飾又有折腰扇扇骨兩截下合上開僧人所用

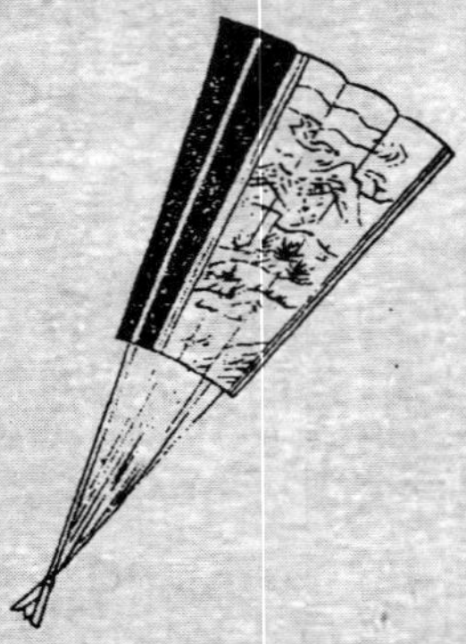

團扇以竹爲骨繭紙糊之或青或白灑金作畫有泥金五華者名玉團扇惟王宮中有之命婦或受賜始得用之

匠具

斧鑿皆類中國惟鋸用純鐵爲之形如刀下着柄列

齒口端爲用

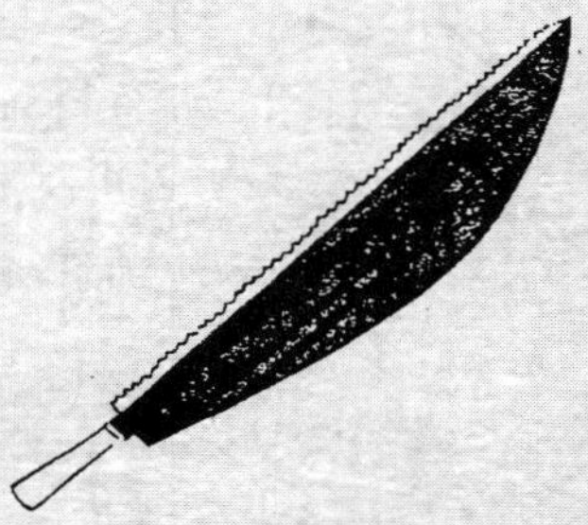

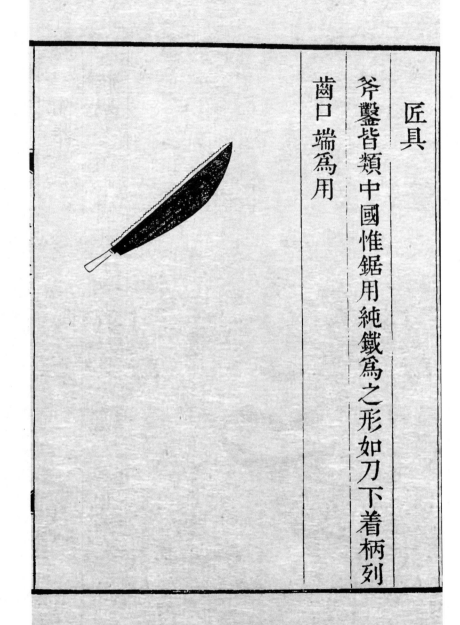

陶器

瓶罌多類中國其小異者茶具其火鑪一二種圖之

釜

炊爨鍋器皆有鐵者製亦頗與中國異或有柄有提處夏使舊錄云多用螺殼炊爨今不爾間以大螺殼烹茶者有之

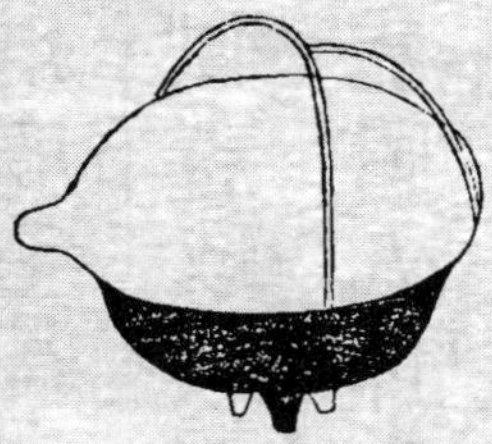

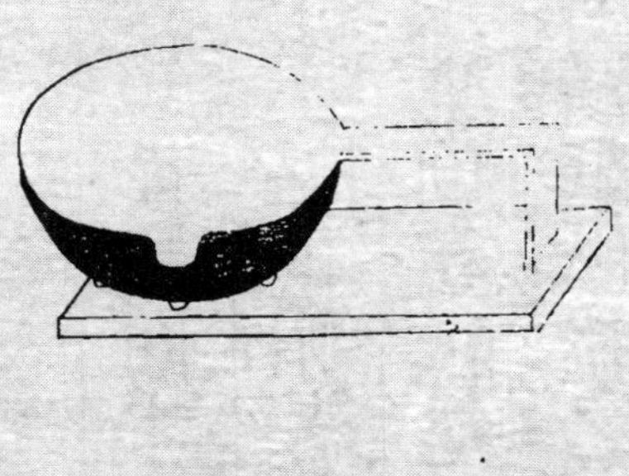

筆

筆用鹿毛爲之短管比中國筆較短僅長四寸餘竹管似蘆取其輕細管之末有畨字小帖筆帽皆有小開處國人作書皆不倚桌或立或坐倒卷紙尾左手箝頓掌中懸腕書之以筆蘸墨則横筆臥捲之

紙

紙以繭爲之有理堅白者極佳其黄色質鬆者名事宜紙皆切方幅爲用與高麗繭紙正同其質厚者染紫色可爲衣名內用紙有印花者如錦極可愛

耕器

耜犂皆彷中國但減從輕小高田惟仰雨澤下田層列引泉下溉其江湖通潮者皆鹵不可溉故無桔皐戽斗諸具

織具

機形坐處窄外寬高一尺五六寸低着脚僅三四寸許機前立竹竿一下垂引扣下上梭長四寸餘如皂角形器用輕小席地爲便家家有之縷蕉絲雑紉織之

漁具

沿海近港所見皆用獨木小舟或釣或施繳網以取小魚螺蛤蟹蝦石鮔海膽隨潮下上者夜候潮落篝火取之

樂器

樂器與中國無異箏笛等俱備無笙三絃柄比中國短三寸餘彈撥惟用食指　笛曲有青山曲即中國銀絞絲五更轉也落雁曲樂平曲　太平歌乃神曲每擊小銅點起調一人先唱下乃齊聲和之

前使張學禮記云國王遣子壻於從客某所學琴今已失傳國中無琴但有琴譜國王遣那霸官毛光弼於從客福州陳利州處學琴三四月習數曲并請留琴一具從之

女集圖

六卷十九

女集 錢 女飾

市易之所舊錄云向在天使館東天妃宮前平地上後徙馬市街今市集移在辻山沿海坡上早晩兩集市集無男人俱女爲市所市物惟魚蝦番薯豆腐木器磁碟陶器木梳草靸等麤下之物仕宦家多不入市

冊封日暫行錢

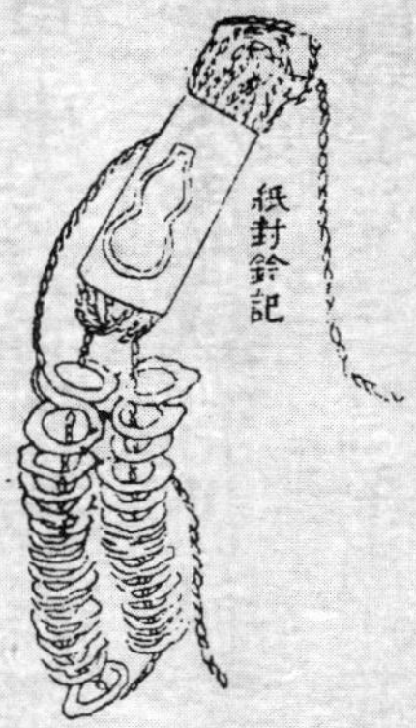

國中常行錢

錢文

錢幕

市中交易用錢無銀錢無輪廓間有舊錢如鵞眼大磨漫處或有洪武字已絕少今用者如細鐵絲圈一貫不及三四寸許重不逾兩許貫尸封一紙扣鈐記之散即不可用每千值國銀二分二釐明萬曆中蕭崇業夏子陽等錄即云國中用黑銅錢極輕小千不盈掬凡五貫折銀一錢則其來已久本國稱爲鳩字錢云其平日皆行寛永通寶錢錢背無字或有一文字按日本寛永元年爲前明天啓二年歲在壬戌此日本舊錢也錢模大小亦與前明萬曆錢相埒錢質皆赤銅每百值國銀一錢二分國朝典彙云琉球市用日本錢以十當一爲近是臨時易之使還則復其舊國中舊有洪武錢永樂十一年又賜永樂錢天順二年

王請照永樂宣德間例所帶貨物以銅錢給賜禮部覆之　本朝又無賜錢之例故其國少中國錢

婦女小民家簪用玳瑁長尺許倒插髻中翹額上髻甚鬆前後偏墮疑即所謂倭墮髻也不穿耳聞國中大家女亦然無脂粉無首飾珠翠俱廢不用足無所矯揉或穿半襪或着三板或赤足行沙土中手背皆有青點五指脊上黑道直貫至甲邊腕上下或方或圓或髻爲形不等不盡如梅花也女子年十五即鍼刺以墨塗之歲歲增加官戸皆然聞先國王曾欲變

革集衆議以爲古初如此或深意有所禁忌驟改前
制不便遂至今仍之過市所見無不盡然
入市貨物無肩擔者大小累重皆戴於首即大甕束
薪皆然登坡下嶺矯首曳袖而行無偏墮者
土妓行市中暑月衣襟上亦用紅絹緣於領掖間以
此識别舊録云良家入市手持尺布以自别今亦間
有之
婦人抱小兒者惟一手操小兒腰臂令騎坐左右腰
乂上所見皆然

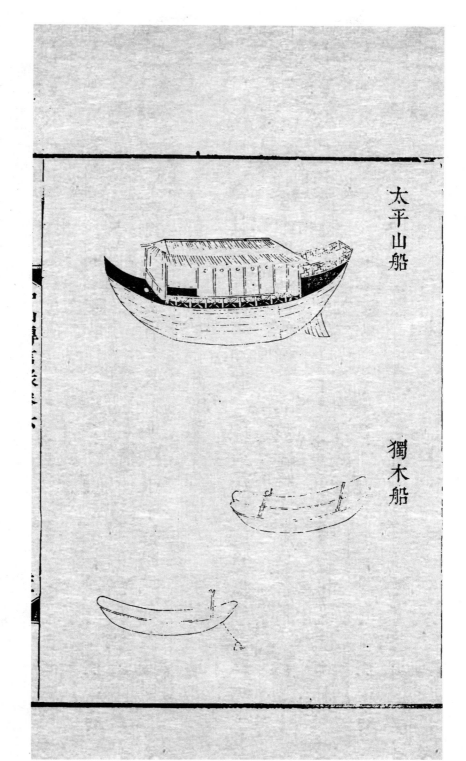

太平山船

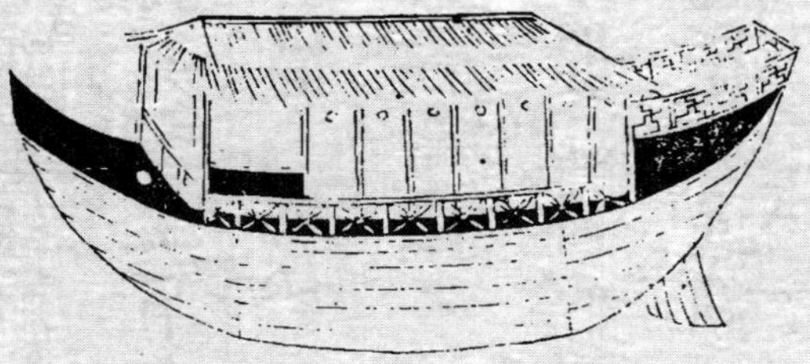

獨木船

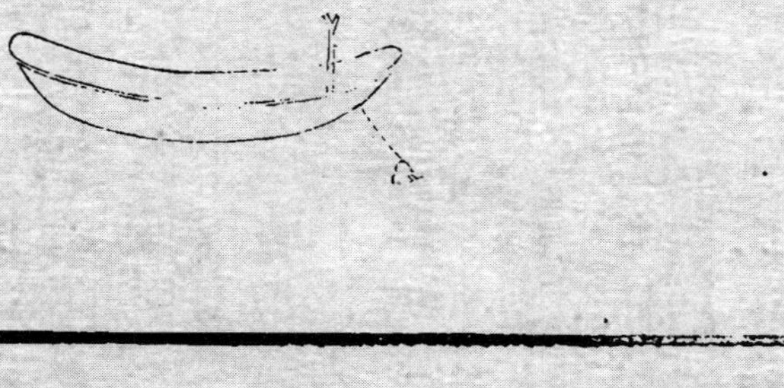

舟

貢舶式畧如福州鳥船船掖施櫓左右各二船長八丈餘寬二丈五六尺前明洪永中皆賜海舟後使臣請自備工料於福州改造今本國舟工亦能自造如式其各島往來通載之船大小皆尖底底板鱗次太平山船加飾欄檻爲異故圖之小船皆刳獨木爲之極輕捷村民漁戸皆用之一舟不勝載則雙使爲用

轎圖

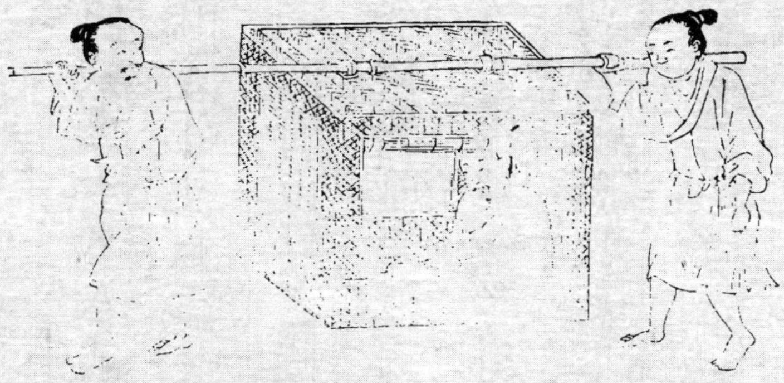

轎

通國惟國王肩輿彷中國式或十六人或八人轎上亭蓋帷幔悉如中國國相法司以下皆兩人肩輿式皆矮小着扛木於轎頂二人前後舁之轎高不踰三尺許席底趺坐遠望如籠榼然前使汪錄云不知其中有人信然也貴族亦有造作精緻者用羅漢杉木雕鏤銅飾錦邊繪裹紗縠爲蔽而其高下大小則一也

國中無車山谷非所宜也

馬飾圖

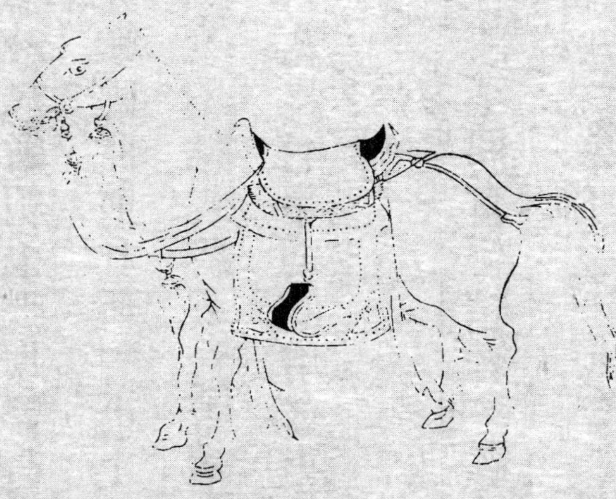

馬

馬與中國無異高七八尺者絶少蹀躞善行山路崎嶮上下沙礫中不見顛蹶此則其所習也上山涉水則馳　地既多暖冬草不枯馬終歲食青不識棧豆故雖村戶下貧亦皆畜馬有事則斂用之事過散還村家亦有以馬耕者

鞍制同中國黑漆紅漆不同有極精者　鞍前後加紅帕四條分垂左右以爲馬飾

韉與障泥皆從簡畧仕宦者或用紅氈一條

〔勒口索〕貴家多用五色相間蕉布全幅入手兩盤垂之尚及馬脇也

〔鐙〕以木爲之式如曲杓形一邊着繩繫鞍下空其口以便赤足穿踏或鞴皮爲之朱黑漆有極精者

國人騎馬皆不用鞭能騎者縱控令速行否則折樹梢用之下馬卽擲去

宦家女人騎馬擁領蔽面多側坐鞍上兩足共一鐙人控徐行前使汪錄有記今偶見亦有之

長弓短箭

弓長七尺餘卓地高齊屋簷箭比中國箭乃較短一握許射必卓地執靶時不在正中乃就下窄處扣絃發矢皆用抉拾如古制　發不甚遠舊錄云射二百步外則未之見

月令

正月　桃夭碧桃絳桃櫻桃俱於是月開　長春始榮四季開此月尤盛　蠶豆食新　鶯舌有簧　蛇出於穴　始電　雷乃發聲　枇杷熟與中國無異形畧長如棗元旦食新爲百果先

二月　木筆書空　海棠紅　棠棣華　春菊有芳百合麗春花俱於此月開　月橘子紅月桔一名十里香花六月開子紅纍纍至此月滿樹　萍始生　田豆收　蟋蟀鳴　蟄龍出於海

三月　粟蘭香　石竹花玫瑰薔薇藤蘿罌粟俱於此月開　紫蘇生　諸豆畢種　王瓜登於市　麥乃秋　虹始見

四月　梯沽紅樹高十餘丈花如木筆攢生榴葵萱花金錢花杜若鳳仙皆於此月開　鐵錢花開　甘露見於蕉芭蕉此月始結實名甘露　山丹吐燄　蔗田熟楊梅亦於此月熟　青瓜出　竹笋抽林　螳螂生蜻蜓亦生此月　蜩鳴　鴉養羞　蚯蚓出　螻蟈鳴　鳥鳳來小鳥名又有鳥名古哈魯亦於此月來

五月　刺牡丹開　右納花花與秋葵無異木本高三四丈　月橘花色白如雪香聞十里　夏菊開茉莉梔子木蘭俱於此月開　蓮有華　莧菜秀　桃有實榴亦於此月實　蕻菜生　豇豆出　草不腐爲螢　颶母時怒

六月　佛桑燒空三月開至冬此月尤盛　掛蘭香蕙亦於此月花

桔梗花　決明開　禾畢登於場　綠豆收　鹿入水爲魚沙魚躍岸化爲鹿鹿畏熱以舌咂水亦化爲沙魚

七月　木蘭再芳海棠玉簪俱於此月開　棉花收　龍眼圓

玄鳥來燕至此月始來　寒蟬鳴　刀豆出絲瓜亦於此月出　野菊秀如中國青蘘生滿田中　毛魚陣於水此月朔前後五日八月朔前後五日毛魚排隊成陣他月不然

八月　木芙蓉華桂亦於此月花　容菙至鳥名又有鳥名恨煞亦於此月來　赤小豆收

九月　梅始華　戊土實菓名古把梯斯形如青菓而匾閩中亦有之名戊土

柹紫　霜乃降　海鷹來國中無鷹此月東北風起自日本飄來

大豆收　麥種下　雷始收聲或至冬不收聲時有之　田野

畢墾　蔴石求子來鳥名綠翅白翎　蛇爲暴此月蛇出傷人立斃

十月　綠秧出於水　橘實　田豆下種　鐵樹有

花　蛇乃蟄　虹藏不見　松露入土化爲菌松下土中

此月有土菌形如芋松露滴入土中所化色白出牛糞中者灰色不可食　紙鳶升　石

求讀來鳥名　又有鳥名莫讀史與伊石求子皆於此月來

十一月　水仙開　寒菊花　枸杞紅　蚯蚓鳴

美人蕉紅　野有黃華如中國蒲公英開遍山罅中　大雨時行

十二月　佛手指空　綠鳩至　蟄蟲不俯　蚊不收聲　無氷

物產

中山氣候多暖少寒無氷霜雪希降草木常青土產所有同中國者祇標其名異產則詳其形狀花卉并記其開時如後

穀則六穀咸備米六種麥三種菽有綠豆赤豆黑豆白豆大豆小豆大豆即中國黃豆毛莢七八月生田

中所見比中國産者特小僅如細黑豆　異産有番
薯在處皆有之犂種沙土中蔓生蔽野人以爲糧功
並粒食家家種芭蕉數十本縷絲織爲蕉布男女冬夏
皆衣之利匹蠶桑明冊使蕭崇業夏子陽舊錄云土
不植棉地不宜茶今亦間有之但不甚繁植云
蔬有白菜芥菜菠菜蘿蔔香菜絲瓜冬瓜茄子刀豆
蠶豆芋葱蒜韭薑胡椒薤芹薺蕨瓠菱葵茴菜茼蒿
香菰紫菜菘木耳石花菜　異産有海帶菜女蒡辣
蕎茯苓菜蘵菜又有松露土音稱爲蕃蘿九十月中

生大松樹下土中實圓白色菌類味鮮美產具志頭者尤良灰色者生牛糞中不可食海菜有海帶一名昆布又有紅菜類石花菜而少匾出海灘中又有雞脚菜麒麟菜

木有松栢檜杉榕樟梔柳槐棕櫚黃楊梧桐甚少異產有樫木等

樫木一名羅漢杉葉短厚三稜與中國羅漢松同木理堅膩國中造屋樑柱皆用之諸島皆有出奇界者尤良

福木葉如冬青特大對節生長二寸許如腰子形厚

而光澤一名常盤木樹直上長丈餘四時不凋葉可染綠色開小黃花結實如橘可食又有一木土名呀喇菩葉皆似福木亦對節生白花似梅十一二月實俱號君子樹葉紋對鏤如織中邊映日通明作金黃色舊傳鬪鏤樹葉如橘當即此也

鐵樹即鳳尾蕉一名海椶櫚身蕉葉葉勁挺對出離褷如鳳尾映日中心一線虛明無影四時不凋處處植之

烏木葉如桂直上外與常木不異中心木質黑色然亦有白理者又有紅木

油樹葉似橘實如橘大不可食用以榨油又有福滿
木樹高數尺葉似木槿差小花如橘子纍纍紅色可
食又有樹葉似冬青高丈餘花如棗子纍纍生如中
國女貞子甘酸可食亦可染物作青蓮色名山米又
名野厤姑當卽青精也
古巴梯斯樹高二三丈餘葉大如柹葉花五椏八九
月實如青果而少匾味香甘閩中有之名戊土
右納樹高三四丈餘葉似白桐夏季開花如中國秋
葵黃瓣檀心

〔地分木〕高五六丈葉如穀樹小白花叢生冬月開有毒可藥魚

〔月橘〕樹高丈餘細葉如棗五六月開小白花甚芬烈名十里香結實如天竺子稍大二月中紅纍纍滿樹

〔梯姑〕樹高七八丈大者合數圍葉大如柿每葉抽作品字形對節生四月初花朱紅色長尺二三寸每幹直抽攢花數十朵花葉如紫木筆吐燄高麗種出太平山

〔悉達慈姑〕樹高丈許葉類桃子如葡萄穗纍纍深藍

色名慈姑奶不可食

花有梅桃杏桂木蘭木蓮水芙蓉紅櫻雪毬山茶安石榴杜鵑杜鵑十月開花至三月止花絕大四倍於中國所產者佛桑千葉者有大紅及淺紅二色單葉者惟大紅一種中心蘂高出花瓣外一寸許如燭承盤狀故一名焌殿紅四時皆花六月爲盛山丹比中國特大有成樹長丈餘者紅花四出數十朶攢生如火有千葉者重臺甚艷五雅統注云山丹扶桑同出日本始入中國蘭四時皆開菊茉莉海棠長春水仙十月花剪秋羅月季薔薇千日紅銀臺金盞卽水仙杜若菖蒲百合葵雞冠萱石竹仙人掌雁來紅藤　異産有名護蘭等

名護蘭葉短而厚與桂葉同大僅如指三四月開花與蘭無異一箭八九朵攢開香清越勝蘭出名護嶽巖石間不假水土或寄樹椏上或以棕皮裹懸之又有風蘭葉比蘭較長香如山柰茴香蔻竹爲盆懸挂風前極易蕃衍俗皆尚蘭號爲孔子花

粟蘭一名芷蘭葉如鳳尾花如珍珠蘭又有松蘭竹蘭棒蘭狀如珊瑚樹緑色無葉花從椏間出似蘭較小

野牡丹土名苻花葉與牡丹無異二三月花開作叢纍纍如鈴鐸素瓣紫暈檀心如碗大極芳烈其葉嚼

之以爲口香種出大平山又有野海棠仙人竿箒桃

野蘭即中國青蘘

文萱花一名歡冬花花如萱花特小葉有青白相間紋

山藨花一名猿蓮花無花無幹出土長不及尺葉如蕉而小堅厚有紋

雷山花土名吉茄葉如鐵梗海棠花如牽牛花差小鴉翠色四五月開至十一月結子如豆苞如榴房藏子數十粒可種

吉姑羅一名火鳳人家牆上多植之以辟火幹似霸王鞭草葉似愼火草花似黃菊亦有紅者名福祿木

果有藕蔗西瓜青瓜木瓜橘數品香橙金柑佛手荔枝龍眼葡萄櫻桃楊梅覆盆子形如楊梅小如龍眼栗柹核桃枇杷梅異產有蕉實等

蕉實芭蕉所結實名甘露花紫紅色大如瓢日開一瓣結寔如手五六指並垂採久之膚理似藕之最嫩者可蒸食之如著而甘

阿呾呢葉長旁有刺久成林連蔓堅利可爲藩牆葉

可造蓆根可造索開花者爲男木花白若蓮瓣合尖左右迸疊十餘朶直上五椏蘂露如杖長數寸芳烈如橘花女木無花結實大如瓜膚紋起釘皆六稜可食云卽波羅蜜别種粤東亦有之名鳳梨

〔櫧子〕一名芝子如橡栗而小山中處處有之一名椎子

竹有苦竹猫竹虎斑竹鳳竹竿竹篛竹烏竹大竿竹矢竹笏竹異產有觀音竹

〔觀音竹〕着地叢生葉長尺許寬三四寸紫色

獸有牛馬羊豕犬猫鹿猿山豬無虎兎獐明一統志言其土產有熊羆豺狼今考皆無之

畜有雞鴨鵝異畜有太和雞比常雞特小短足長尾種出七島

禽有雀烏鴿鷺鷗鳧鴨班鳩綠鳩十二月來野鳩鶚鳩俗呼神鳥田鳥雉鶺鴒杜鵑鴛鴦燕七月來不巢人屋鷹九月中東北風從外島飄來雁偶有之不恒至鶴或一有亦希見之異鳥有古哈魯等

古哈魯金黃毛羽長觜短尾四月鳴

麻石翅羽綠色白眉九月來又伊石求子似麻石

烏鳳一名王母烏四月來

恨煞毛羽似鷹而差小八月來

容茈翅灰褐色黑頭八月來

石求讀毛羽似雀十月來春乃鳴

莫讀史綠毛十月來

蟲有鼠蝙蝠蝎虎能作聲如雀冬〻夏皆然蜥蜴生水池中紅腹背有金光又有四脚小青蛇常見之國中蛇最毒九月中每出傷人人立斃前使錄云其蛇較不傷人未然

蠅皆冬〻生蟻與中國同但腹亮如晶甃之有點水

鱗族有鮫鯉鮒鰻鰍蝦金魚銀縷魚異產有毛魚針魚燕魚等其綠色紅色綠鱗紅章五彩相間或圓或長者不可勝數土人就其色其形呼之皆無名海魚生切片夜中黑處視之皆明透有綠火光色如熱河夜光木

毛魚細小外視似腐咀嚼有味閩人皆重之爲珍品七月朔前後五日八月朔前後五日於海中排陣出他月則否

針魚頭戴針形亦名鱵　靴魚頭長如靴
燕魚如燕有翼能飛古名鯅俗呼飛魚
介族有龜黿鼊異者有玳瑁等
玳瑁甲如龜鼊首尾形少尖頭帶淡紅色
海馬馬首魚身無鱗肉如豕頗難得得者先以進王
石鮔首圓下生四尾屈曲土人皆以入饌
蟳肉最佳味如蟹而大性溫蟹大小種族各異有小
蟹五色兩螯左大右小小以取食大以外禦惟大螯
朱紅色名曰照火小蟹居螺殼中名寄生

海膽背生刺如蝟蠕蠕能運徐行味如蝦蟳

螺族尤異五色璀璨形狀詭出蜱螯大如盤國人以

爲盎爲戶樞爲釜皆是異者有壁虎魚等

壁虎魚螺殼上生五六爪形如壁虎名壁虎魚

梔螺殼尖出如梔生刺滿之名梔魚

貝有數種一種外白色內朱紺色一種玳瑁斑內紫

白色

龍頭蝦名鰝大者一二尺形絕似龍時以供饌蛤蚶

之族不可勝紀

佳蘸魚削黑饅魚肉乾之爲腊長五六寸梭形出久高者良食法以温水洗一過包芭蕉葉中入火畧煨再洗淨以利刃切之三四切皆勿令斷第五六七始斷每一片形如蘭花漬以清醬更可口

海松

海松生海水中大者二三尺根蟠海底石上久之與石爲一矣國人亦名曰礒松似言松本木類附生石上如義甲義髻之義此字甚切按字書礒石貌別是一意其枝葉纖細與側栢無少異鮮馥如火疑以栢

枝葉成朱色有腥氣不可近翫其根木色輪囷屈曲如老樹根以刀刻之拒不可久儼然石也生馬齒山者較他處尤良紅色不即褪落又有一種無枝葉拳石殷紅上作蜂窠細眼攢蹙徧滿如雞冠花頭皆生海底惟馬齒山漁人能泅水深沒取之中山漁戸能入水者亦不能及也

石芝

石芝生沿海海底石罅中天使館西北海上有小石山名石筍崖土人亦稱爲波上此崖之下石芝所聚

前使舊錄云有根有葉大者如盆小者如盎其他如
菌如菊如荷葉者不可勝數靈壁羊肚俱不足道亦
惟馬齒山人能深沒取之鹽水久漬而成腥氣尤不
可近出水久之腥氣漸退然脆折亦難致遠故不貴
重云
凡石大小皆極嵌空大者如樓如屋玲瓏明透古藤
縈結葱鬱卽拳石亦有奇致山崖海邊遍地多有但
質甚鬆利易脆折惟磨刀石甚堅而膩以爲礪勝中
國者故世以充貢

字母

眞	草	讀
イ	い	人讀如依
ロ	ろ	類讀如魯
ハ	は	波讀如花
ニ	に	仁讀如義
ホ	ほ	保讀如夫
ヘ	へ	飛讀如揮
ト	と	登讀如都
チ	ち	知讀如痴
リ	り	里讀如利
ヌ	ぬ	奴
ル	る	留讀如祿
ヲ	を	遠讀如烏
ワ	わ	和讀如哇
カ	か	加讀如喀
ヨ	よ	有讀如夭
タ	た	太讀如達
レ	れ	礼讀如力
り	ろ	卒讀如蕪
ツ	つ	律讀如郎
子	祢	你
十	奈	奈讀如那
ラ	ら	羅讀如喇
ム	む	無讀如某
ウ	う	宇讀如務

眞 井 草 ゐ 而讀如依	眞 ケ 草 け 計讀如其	眞 井 草 さ 世讀如沙	眞 卫 草 ゑ 忌讀如意
眞 ノ 草 ぬ 乃讀如奴	眞 フ 草 ふ 不讀如夫	眞 キ 草 き 其讀如基	眞 ヒ 草 ひ 北讀如韮
眞 才 草 お 於讀如烏	眞 コ 草 こ 科讀如庫	眞 ユ 草 ゆ 由讀如天	眞 モ 草 も 毛
眞 ク 草 し 可讀如姑	眞 エ 草 江 江讀如而	眞 メ 草 め 女讀如霉	眞 世 草 世 世
眞 ヤ 草 や 也讀如耶	眞 テ 草 て 天讀如梯	眞 三 草 み 弁讀如米	眞 入 草 す 太讀如使
眞 マ 草 ま 未讀如馬	眞 ア 草 あ 安讀如牙	眞 ミ 草 し 之讀如志	眞 二 草 二 媽

琉球字母四十有七名伊魯花自舜天爲王時始制或云卽日本字母或云中國人就省筆易曉者教之爲切音色記本非字也古今字繁而音簡今中國切音字母舊有三十六後漸簡爲二十八自喉齶齒唇張翕輕重疾徐淸濁之間隨舉一韻皆有二十八母天下古今有字無字之音包括盡矣今實畧彷此意有一字可作二三字讀者有二三字可作一字讀者或借以反切或取以連書如春色二字琉人呼春爲花魯二音則合書八尸二字卽爲春字也色爲伊魯

二音則合書亻口二字卽爲色字也若有音無字則合書二字反切行之如村名泊與泊舟之泊並讀作土馬伊則一字三音矣村名喜屋武讀作腔字則又三字一音矣國語多類此國人語言亦多以五六字讀作一二字者甚多得中國書多用鈎挑旁記逐句倒讀實字居上虛字倒下逆讀語言亦然本國文移中亦絫用中國一二字上下皆國字也四十七字之末有一字作二點音嫣此另是一字以聯屬諸音爲記者共四十八字云

元陶宗儀云琉球國職貢中華所上表用木爲簡高
八寸許厚三分濶五分飾以髹釦以錫貫以革而横
行刻字於其上其字體科斗書又云日本國中自有
國字字母四十有七能通識之便可解其音義其聯
輳成字處髣髴蒙古字法以彼中字體寫中國詩文
雖不可讀而筆勢縱横龍蛇飛動儼有顛素之遺今
琉球國表疏文皆用中國書陶所云横行刻字科斗
書或其未通中國以前字體如此今不可考但今琉
球國字母亦四十有七其以國書寫中國詩文筆勢

果與顛素無異葢其國僧皆游學日本歸教其本國
子弟習書汪錄所云皆草書無隸字今見果然其爲
日本國書無疑也

琉語

臣按前明嘉靖中冊使陳侃記云稱有夷語夷字附錄卷末所傳鈔本闕而未見萬暦中冊使夏子陽給諫使錄刻有琉語

本朝張學禮冊使亦畧載雜記中今就其本少加訂正對音參差輕重清濁之間終不能無訛也

天文

天町　日飛　月子急　星夫矢　風喀買子　雨阿梅　雷喀呕渺一　雲枯木　雪又急

電賀的　霜什嘸　下雨阿梅福的　下雪又急福的　霧氣力　露禿有　霞噶泥喀　雹

科立明日阿着起風喀買福的沽天陰町奴姑木的天晴町奴法力的·後

日阿煞的大後日郁加

地理

地池土足池江密度乃河喀哇海烏米山呀麻問字亦讀同麻音水閦子冰

谷亦里路密之岸倭喀石一是井依喀喇泥巴羅沙是挪灰活各力磚呀及

一什尾喀哇喇遠士煞迷近土古尼迷長拿夾煞短陰夾煞前媽乜後嘸什

的左分搭里右名悉里上戚下昔着東窟之西尼失南灰北屋金尼失

府間切村册喇

時令

春哈羅夏約之秋阿紀冬灰唷冷晦煞熱阿子煞寒辟角羅煞暑奴羅煞陰

姑木的陽法力的晝皮羅夜唷羅朝阿囓子吉晚有煞嘸的時吐吉氣亦吉年

多式節些谷尼卽正月夏括子二月膩括子三月三括子四月式括子

五月吾括子六月六姑括子七月失之括子八月聕之括子九月空括子

十月蠲括子十一月蠲一之括子十二月蠲膩括子初一之搭之初

二福子介初三之搭之密介初四之搭之唷介初五之搭之一子介初六

之搭之美介初七之搭之挪介初八之搭之鴉介初九之搭之哭古魯初十

之搭之土介十一之一子泥子十二之泥泥子十三之三泥子十四之唷泥子

十五坐古泥子十六坐六古泥子十七坐十七泥子十八坐聕之泥子十

九坐苦苦泥子二十瞎子介二十一瞎子介疽二十二瞎子介泥泥子二

十三賦徂三泥子二十四賦徂啨介二十五賦徂姑泥子二十六賦徂

六姑泥子二十七賦徂失之泥子二十八賦徂瞎之泥子二十九賦徂苦苦泥子

三十三徂泥子

花木

茶札花谿那葉谿枝叉打樹那吉果吾乜松貿子栢貿子那吉竹托几笋

打吉棗那多乜木雞草谷煞梅花呸梅蓮花臨龍眼客梗木頭梅呸

梅拿乃杉木思雞榆木搯雞烏木哭羅雞桃莫莫拿乃杏色莫莫柳現其

芭蕉巴拉石榴花石古魯藕菱公扶桑花菩薩谿那榕茄子埋大梧桐

谷多　桂雞花　雞冠雞朶　茉莉木乖一　鳳尾蕉靴底子　荔枝利市　甘蔗

胡椒翁吉　蘇木窟受司哇

鳥獸

龍達都　虎土拉　鹿呵叿失失　馬嘸馬　獅施失　牛兀失　兔兀煞吉　熊谷馬　象喳

雞推　鵝烏孤欲士　猪呀嗎失失　狗因　皮喀哇　鼠聶　鶯打荅噶　羊皮着　蛇

密密　猴煞陸　龜喀乜　雀由門多里　鳳凰呼窩　麒麟其鄰　孔雀枯雀姑　獬豸

瞎宅　仙鶴司祿　象牙喳令其　玳瑁喀也那各　牛角元失左奴　喜鵲孔加喳司

鶴頂拖立奴谷之

宮室

宮迷耶屋耶門濁戶耶獨可之窓馬都牆掐几垣仝止亭堤園膩滑堦
乞齋空書又喀呸條書瓦房喀喇亦棄牙

器用

弓憂米箭一牙担桶呸格木杓你波脚踏棉波着子棹琫浴桶克搭
里椅子倭里那風爐魯牙刷番呸脚雞母魯畚箕失忒戳子法介依
天平廳馬荅白刀和着刀鞘絲古禮耶轎子夾介子木套阿書着傘夾煞
竹片兀執床閑札古燈禿羅面桶他古又他里鍋那牌鍋蓋福大瓦礶
之呸瓢彌呸掃箒火氣船胡你算盤山姆盤油盞雖之旣木梳沙八巳
甕客浼索爭拿斧頭霞爽湯盆他阿喇竹籠古衣八古筋賁生又皮爬失鎖

柴心叉沙四內古烟筒啓力荷包荷作茶鐘茶碗飯碗麥介衣銅礶約慣

爉簽式執直圍棋古香爐科爐箱子科阿里阿哥面盆汗你及里盤

他喇古匣哥八水注閔子磁之鏡子喀敢泥酒壺虧奴燭簽亂思古苔短

簪喀你煞失長簪彌誇酒盃失六加泥象棋冲棋盔噶塢吐甲幼羅衣弦

子奴鎗牙立盆大箣瓶匹胡平船莆泥桅花特舵看失櫓羅蓬賀帶文筆

書什麼子畫夷夷喀之字阿三那筆夫的墨細米紙瞎皮硯思子里扇子

丫吉屏風飄布花瓶拋拿香盒福法名倭扇枉其玉帶衣石乞各必金

杯孔加泥麻佳里圍棋右

人物

皇帝倭的每　國王哭泥華　王妃倭男禮喇　王子倭奴鬱勃人誇　朝廷倭每
奴　大夫大福　長史丈史　使者使臣　通事通貧　正使申司　副使付司　大
老爺阿几噶那什　老爺安主　大臣沈噶　女壻母姑　祖五虎之　孫子姆馬
噶　父會几噶烏耶　子括　女兒會南姑括　大五嗨煞　小枯煞　弟婦唷美　妻
拖厨　夫戸多　弟屋多　兄洗之　朋友獨需　你呀　我空唔　妓俗里　母會南姑烏耶
男會几噶　女會南姑　丫頭土母　僕濃煞　親戚喂街　公子三波堤　客人
客姑　主人堤就　唐人叨濃周　姊洗之烏乃　妹屋多烏乃　貧平素奴周　富喂既奴周
和尚巴子　醫生一着　伯洗之渾局　叔屋多渾局　姑娘喂媽　爹靴羅買　娘阿姆
買　阿姪威　小孩子丕拉培　丈人色多　師父失農褒　琉球人倭急

拿必周日本人亞馬吐必周朝貢使臣嗎得那使者琉球國王倭急
拿敖那

人事

作揖禮及洗浴阿美的上人洗面烏木的阿采下人洗面思答阿來
來拳頭打踹子烘打烏兄脫衣輕化子榮殺枯必起大醉威帝聽殷帝
上人吃三衣米小利疼呀的痛阿格着洗東西阿約的採花抬奴吉之
行路阿之等待末之病牙的生一吉之死失直傷風哈那失几興屋起堅
走迫姑亞立一甚行其好優答煞不好空煞買科的賣屋的打更柯北音
言語歷奴喀答里上緊走排姑亦急上御路惡牙密卽約里夢一梅瘦捱的

肥滑的再叩頭麻達喀監子其入朝大立葉密達鞠躬曲尸麻平的底頭

喀蘭自之立住荅止歪立叩頭嗑籃自之謝恩溫卜姑里朝貢密加妳吸之平

身度漫思吾慶賀密由烏牙表章彪烏賞賜吾加一每奴起來揭之進貢

喀得那進表漂那阿傑的報名包名辭朝畏之謾歸回去閟都里一其早

起速都密的下程司眉日尸筵宴札半失勅書倭眉脚都司墨曉得識達哇

不曉得失籃聖旨由奴奴失御前謝恩惡牙密溫卜姑里且慢走慢的

拿來一得姑放下由六尸給賞烏鵲沒谷古里方物木那哇多少亦加

煞請來子失之

身體

髮哈那子又喀拉齊頭他喇子眉賣由眼美耳你米鼻豁納舌失着口潤生

齒夸鬚非几手蹄脚爍身搯韃心氣麼頭頸科必胸唔尼奶齊牙

諾其額失脚衣臍哭素指頭威彼臂非之腿膜膜

衣服

衣裳衾帽搯煞衣服密子滿吉又豈奴褲子哈加馬帶烏必手巾梯煞

几又皮沙之被烏獨帳子喀着氊單木心枕媽括褥子福冬襪搭粥衫子

哈加笠由沙纓毛疽靴呵牙鞋煞巴汗衫阿米琴冬短衣木綿景夏短

衣百索景紬亦周緞動子紗撒羅羅絹活見布奴奴綿衣奴奴木綿紗

帽紗帽網巾網巾圓領員領裙喀甲眉

飲食

飯 唔班 酒 煞几 煙 塔八孤 油 阿叴打 醬 彌沙 醬油 沙由 米 可木 鹽 麻蝦 豆

腐 托福 茶 札 肉 失失 菜 綏 索麪 錯閔 莢瓜 喂 蒜 非徒 西瓜 烏貽 冬

瓜 失布衣 生薑 那沒燒介 黑豆 枯羅馬馬 蕉寔 巴煞那 番薯 番子母 豆

牙菜 馬米那 餅 木之 芋羮 坤軋姑 菓 刻納里 粉 由諾姑 魚 一由 蝦 一必

蛤蜊 克培 螺句 阿古噶 蟹 夾煞眉 硨渠 阿札噶 海獅 子菩拉

珍寶

金 枯軋賦 銀 喀賦 錢 一層 銅 阿里喀賦 鐵 窟碌喀賦 錫 右碌喀賦 鈔 支賦 玉 依石

珠 撻馬 石 一石 瑪瑙 吾馬那達馬 珊瑚 牙馬那達馬 水晶 血子達馬 玉石

挞馬一石 琥珀它喇 犀角吾失祖奴 硫黄油哇

數目

一抵子 二打子 三乜子 四天子 五一子子 六姆子 七納納子 八呀子 九科過

碌子 十拖子 十一拖抵子 二十膩徂 三十摻徂 四十細徂 五

十古徂 六十六古徂 七十錫汁徂 八十河汁徂 九十苦徂 一百夏古

千先 一千一貫 萬漫 兩聊茶切 錢僧 分風 一半納加那 一樣

一奴摩奴 輕喀羅煞 重吡卜煞 多屋火煞 少一革拉又速都煞 長那夾煞 短

陰夾煞 潤非羅煞 狹一伯煞 中屋之 上威 下昔着 滿抵子密之 淺阿煞之

里利 一錢一止買每 二錢尼買每 三錢山買每 四錢申買每 五錢

吾買每六錢六姑買每七錢式之買每八錢法之買每九錢枯買每一兩
執買每十兩撒姑每一百兩撒牙姑一萬個麻執吐失千歲森那萬
萬歲麻由吐失

通用

甜的阿媽煞酸的闞爽煞辣的喀喇煞鹹的什布喀煞淡的阿法煞
黃綺羅紅阿夾煞青啞煞白稀羅煞念書西米那那容看妙母聽得乞介
楞不聽得乞介藍有阿美無你孏臭哭煞煞求討答毛里說話麽奴
喀達里知道識之不知道失藍子不敢揚密撒東西加尼尼失問讒圖
押里說謊由沽辣舍實話馬訟沽夷不見迷闌快活括其辛苦南及之笑

尾喇的啼那院其叫的癮課沙明早起身阿着速圖拖枚榻支拋球馬一捉

七子一深虐古下碁古烏韃唱歌屋韃

琉球土人居下鄉者不自稱琉球國自呼其地曰屋其惹蓋其舊土名也

中山傳信錄卷第六

中山傳信錄後序

自古聲教四訖未有如我
國朝之盛而遠奉簡書採風異域亦未有如徐太史之愼以周者也余獲附星槎抵中山遍探鮫俗見聞殊異葢其國禁素嚴事無鉅細皆噤不語客自有明通貢三百餘年嘉靖以後奉使者人人有錄而皆不免于略且誤者職是故也副使徐太史奉
冊命于康熈己亥六月朔至其國明年二月始還在彼八閱月使事之暇孜孜採訪凡其貴官士庶求書

問字謁請者概與延接尋繹舊聞質疑削妄又致
語國王求其山川圖籍于是其屬三十六島之名
與其國三省轄屬之制今始大顯置棊聚米繪以
為圖太史日居小樓手自題署因并海舟針路封
宴禮儀世系官制冠服風俗物産之詳一一備其
形狀右圖左錄凡二十餘目分為上下兩册縹裝
錦裹以為使歸之獻庚子秋七月十一日至熱河
行宮復
命既陳

乙覽藏之秘府矣玆以副墨排纂分爲六卷而少加詳
焉命曰中山傳信録今年秋鋟板始成余遊京師
適與校讐之末獲觀其全先後詮次不支不漏有
典有則以云傳信誠哉其無媿斯目已余隨封逾
年太史採風幸附摎討今三省五嶽太史圖録已
標其大以余所聞又有四森焉森猶云府也其地
有名山森森然如首里有辨嶽龜山泊府則有天
久久米有雲巒那霸有辻山此四府皆王公冠蓋
里居故得稱爲森其他民廬聚落但稱間切而已

中山世鑑世系備矣竊聞天孫氏開闢此土如中
國之盤古氏二十五傳至舜天當南宋時誅逆臣
定國三傳至義本求賢于野而禪以位如中國之
堯舜尚巴志雄武能一其國尚圓崛起北山臣庶
推戴如中國之湯武尚圓弟宣威既立六月能拔
植幼主而退居臣位謚為義忠如中國之伊周此
國中故老所傳可補史贊太史載筆謹嚴先其大
者余竊掇拾之以附于次又聞國中有三國志載
中山山南山北王時事甚悉而未見其書則闕以

俟考皆太史志也至其採訪之勤蒙也不才屡獲
遊從披殘碑于荒艸問故壘于空山涉海探奇停
驂吮墨詳慎苦心實所親見故忽其固陋爲志數
言于後以見採風之使誠未有如茲役者日出海
隅彬彬文物昔之稱斯邦者云何今之稱斯邦者
云何覽是編者于
聖朝風教之遠不已略見其一斑矣乎康熙六十年辛
丑秋八月海槎從客建安翁長祚謹述於京師之
梁氏園

中山贈送詩文

中山王　尚敬

只飲山頭一勺泉靈槎攀挽易經年乍瞻玉册臨荒島
又送雲檣入遠天木驛還鄉旌節麗台階耀色使星連

八分墨彩留屏幛展對如親絳闕仙太史八分書孝經一通作屏幛見贈

國相　尚祐　佐菴

君子歸兮其澤維遺其澤維何邺我實多
草木無心風來必偃君之高風如蘭九畹
海天萬里重晤難求旌麾靡駐恩德維留

元輔儲德指日以堅海東有衆永歌令名

王弟 尚 徹

鳳凰於飛越海東翽翽其羽鳴雝雝八月來集佳楚峰去我歸兮乘長風乘長風兮不可止天隔一方兮從茲始鹿毛筆兮繭紙書我情以贈遠兮聊爾爾我邦之思君子兮如海之靡底繄予小子之有心兮亦何能以已已

凌霄亭飲別

國丈 毛邦秀 峻山

屋後凌霄亭岧嶢出雲表空岩滴松雨仄磴隱叢篠貴

客健登陟來遊破清曉入門不就坐振衣躡縹緲螺鐺
煮广側酒瓠挂林杪㖞手橋初熟香盤櫧新炒殊方樂
雖異絲管亦杳聆願言盡此觴起舞忽忘老

末吉山即事送別　　法司　向聖㢋 元公

離筵傾別酒隊舞彩衣童載榼山亭上吹簫松徑中舉
杯邀落日欲別起悲風此後龜山勝登臨孰與同

辨嶽餞別　　法司　翁自道 誠齋

追遊辨嶽下陟巘一鳴珂勝地山當海豪情酒滿螺深
情難盡譯離緒且高歌此會人生少臨岐白髮多

紫金大夫　程順則　寵文

春風回暖送君旋一點雲飄入遠煙萬里簡書歸闕下
半江彩鷁到門前張騫槎自天邊轉蘇軾文從海外傳
莫道歸裝無長物盡收景物入詩篇

紫金大夫　阮維新　天受

病臥經年欲退耕喜逢大典結朝纓風儀方仰天家使
姓字偏知太學生枯樹逢春榮有色征帆催客去無情
橋門石鼓摩娑遍舊識煩君一致聲

紫金大夫　王可法

前朝巨牓已無存椽筆重書天澤門扶杖來觀還舊蹟摩娑老眼見朝暾天使館儀門上前朝萬曆中冊使夏給諫子陽書天澤門三字久失去徐太史重書頓還舊觀

紫金大夫蔡温文若

頒封來漢使鮫窟覩天麟陟海魚龍靜乘風羽蓋新威儀將國典廉節撫夷民莫謂中山僻歌聲達紫宸

旌麾辭北闕驛路到江鄉麟服榮家慶龍章冊國王人門瞻上國風采播殊方豫筭還朝日萱庭花正芳

紫巾官向嗣保

迎風海浪大於島目送浮槎萬里旋船峭九帆鵬翼展
天垂四面笠形圓壯觀一任仙才賦小國還憑史筆傳
傳信至君方有錄好從貢船惠新編

耳目官　毛弘健　元疆

海水東流入不住振玉佩還朝去鯨波一碧浮槎泝自
有水仙神護　倚閭日望臨江樹一隻蘭船輕渡王程
兩載從頭數已盡天邊路　調寄望江東

察侍紀官　向鳳彩　瑞菴

太史聲名重帝京一行華彩滿東瀛新詞獨出標天秀

異域爭傳學鳳鳴

呈詩卷就正太史　申口官　何文聲　美庵

詩卷雖存天地間不曾一字落塵寰三千餘年法從古
八十一家文盡删魚目驪珠恐相混斑香宋艷誰同攀
一緘投寄莫嫌遠使者聲名到北山（文聲病退久隱北山）
從天使幕從客陳君學琴成聲報謝

那霸官　毛光弼

古樂入天末七絃轉南薰廣陵遺調在拂軫一思君

正議大夫　蔡文溥　天章

聖朝錫節航溟海萬里鮫宮紫氣臨五色雲霞 天子
詔一江秋水使臣心東藩向化忠忱篤 北闕須封雨
露深共賦皇華勲業盛 九重復 命沐 恩霖
特簡名流使異方卹書丹鳳出仙鄉風雲萬里馳星節
龍虎雙符壯海疆 聖代頒封唐典禮鮫人被服漢冠
裳殊邦未拜日邊客舉國先傳姓字香
靈槎向日至扶桑萬里鯨波靜不揚星節巳辭丹鳳闕
麟袍猶帶御爐香看山好處留題遍醉月圓時惜夜長
當代人文誰第一中山爭說探花郎

種蕉使院　　正議大夫　陳其湘　楚水

種蕉使院偏暑月弄清快朝樹夕蔭成凉飈倏如灑赫
赫扶桑隅化作清凉界

采石芝呈徐太史　　正議大夫　蔡肇功　紹齋

碧海靈芝秀粼粼見底清采爲君子壽光映使星明

城嶽松下集字即席賦呈　　長史　阮　瓚　贊玉

消暑古松下琴書草際横奇思編碎錦集字總天成

燕集金福山下賦送　　長史　梁得宗　文在

相從古松下高高金福山仰止在咫尺身親霄漢間清

言見今古勝概出塵寰使事無淹役盡查那可攀

使館堂前徐天使植榕四株紀事

都通事　紅士顯

天家雨露灑扶桑嘉樹移栽敷命堂十畝淸陰勤護惜

使臣手植是甘棠

徐太史見訪報謝四章

仙江院衲　宗　實際外

天落珠璣古院傳聲名藉甚玉堂仙須封再見中朝使

不識春秋復幾年康熙二十二年癸亥天使汪林兩公至國皆有贈句時僧臘三十有三至

今三十六年矣

彩鷁飛來那霸津首蒙垂問媿高眞新詩莫怪酬君晩病卧山雲一老身

一庭苔蘚滿林榛獨喜蒲團隔世人自古隱棲閒是寶任他門外起車塵

三生石上覺前因嘗見汪林一笑新今日使星臨海島又開禪戸待仙人

又送一首　前人

遠泛仙槎破浪行地分南北隔鵬程一天不礙華夷月

萬里雲中眼共明

名護嶽萬松院衲　元　仁　東峯

蒙惠山僧金玉篇瑤箋宛若降於天胸羅二酉才偏富

筆掃千章語倍鮮廉節流恩涵海岳高文寫物遍山川

焚香捧讀淸人骨好作空門世寶傳

又送一首　　前　人

喞書彩鳳下天邊翰苑先聲海國傳枉駕空山尋北衲

挑燈秋夜話東禪爭傳史筆推班固競說才名似馬遷

册禮欣成廻絳闕思君幾度對瑤篇

徐太史題拙詩後見贈報謝

芝山衲　蘭田

衣裡珠光恨未含濫裁貝葉滿空龕三千舌底瀾翻偈何似禪心在碧潭

石虎山衲　智津　梁天

殊方異語盡知君太史聲名獨出群彩筆如椽揺碧海驅來盡化墨池雲

奥山衲　心海

此日無涯喜從天降德音筆花生覺樹慧業契禪心松

老開山久林幽客坐深平添奥山勝留供白雲濤

送菊使院　天界寺衲廓　潭

島荒秋有色寺冷只黄花莫歎東籬遠攜來就客槎

興禪寺衲了　道

山院凄清落葉時殷勤話舊及先師百年古寺增光彩

永鎮禪林天使詩　天王寺衲得　髓

皇華貴客謫仙才騶從無聲小隊來躑躅空庭無一語

瘦梅根畔踏蒼苔　天王寺昔有老僧瘦梅能詩天使來訪遺蹟徘徊久之

徐太史過訪屢問先師不羈詩卷賦謝

蓮花院衲德叟

古衲遺文已莫尋頻煩枉問見情深空庭剩有蒼髯叟
偃屈難酬天上吟

題徐太史菊影詩卷後

櫻島衲不石

檀槽隔院喧滿地霜華冷仙客獨含毫寒燈對孤影